VINCENZO PELVI

ALLE VERGINI CONSACRATE

A cura
di *Giuseppina Avolio*

SAN PAOLO

Piazza Soncino, 5 - 20092 Cinisello Balsamo (Milano)
www.edizionisanpaolo.it
Distribuzione: Diffusione San Paolo s.r.l.
Corso Regina Margherita, 2 - 10153 Torino

ISBN 978-88-215-6571-7

Introduzione

In un tempo, come il nostro, così denso di erotismo e di permissività sessuale, potrebbe risultare incomprensibile riflettere sulla verginità consacrata. Anche all'interno delle nostre comunità parrocchiali, come nell'accompagnamento spirituale dei giovani, vige – al riguardo – un certo silenzio. Nei confronti della verginità, oggi, forse più che contestazione, c'è tanta confusione, accompagnata da poca fede e scarso coraggio nel proporre questo valore di vita cristiana, purtroppo ridicolizzato da una certa cultura.

Resta vero, tuttavia, che non a tutti è dato comprendere e vivere questo dono, un carisma, un evento di grazia per chi, in vista del Regno, instaura un rapporto personale ed esclusivo con Cristo, decidendo radicalmente di non possedere nulla, neanche il proprio corpo nella sua tensione creazionale e naturale alla coniugazione. La verginità è nella linea dell'innamoramento e non c'è altra spiegazione logica o razionale. L'amore interiore, irrevocabile, radicale di Dio sceglie una vita e segna nel e attraverso il suo corpo quel rapporto verginale, che unisce Cristo e la Chiesa. Essa è rinuncia all'eros umano per vivere nell'agape di Cristo: «Per te mi conservo illibata e, con la fiaccola in mano, a te vengo incontro, o mio Sposo», canta il coro delle dieci vergini nel *Simposio* di Metodio d'Olimpo. E il motivo è «perché tu, o Cristo, sei tutto per me». Perciò, l'unica gioia della vergine – scrive sant'Agostino nel *De Sancta virginitate* – sarà Cristo: «Gioia a proposito di Cristo, gioia in Cristo, gioia con Cristo, gioia al seguito di Cristo, gioia per mezzo di Cristo, gioia a causa di Cristo».

Cristo è il principio delle verginità, ma ne è anche lo scopo. Ne deriva che la verginità ha, innanzitutto, un significato cristologico. Seguire Cristo è amarlo di un amore totale e indissolubile, scegliendo di stare con lui e non realizzare la condizione matrimoniale, non perché giudicata negativa, ma per annunciare il primato di Dio su tutti e tutto, custodendo la propria integrità fisica sino al giorno delle nozze eterne. Tutto questo senza alcuna arroganza e senza sentire una superiorità nei confronti di chi è sposato.

È bello ricordare quanto afferma sant'Ambrogio: «È vergine colei che sposa Dio» (*De virginibus*); il carattere sponsale della verginità cristiana richiama la Chiesa vergine «sposa di Cristo». Se, perciò, le vergini sono spose di Cristo, significa che la Chiesa, mediante la verginità cristiana, attua già la sua natura di Sposa di Cristo, mentre ancora è nel tempo, nella «realtà», non nel simbolo.

Nelle donne che abbracciano questo stato di vita, la Chiesa realizza al presente la sua unione sponsale con Cristo, nell'attesa che si consumi nel Regno. In tal modo, la verginità fa parte della natura più profonda e spirituale della Chiesa.

Per questo motivo, nella scelta della verginità consacrata si testimonia l'amore totale della Chiesa per il suo Sposo. Il significato ecclesiale della verginità, che è dono per la comunità, esprime fecondità evangelica in gesti di amore, che permettono di aprire le braccia senza mai richiuderle per trattenere o stringere a sé soltanto qualcuno.

Quanto fin qui esposto evidenzia la bellezza di un carisma antico e sempre nuovo che è quello della verginità consacrata. Un germoglio palpitante, dono dello Spirito alla Chiesa, che a Napoli è stato accolto, con gioia e trepidazione, da Sua Ecc.za Mons. Vincenzo Pelvi, a cui il Cardinale Michele Giordano affidava il discernimento e la formazione di alcune giovani, desiderose di conoscere e assimilarsi al Signore Gesù, scelte dal Vergine per amare di più e servire gli uomini da Lui amati e redenti (cfr. 1Cor 7,32-34). Tanti volti e diverse storie annodate all'unico e insostituibile desiderio di consacrarsi al Signore in una forma «originale», quella dell'*Ordo virginum*, e raccontare, nella carne e nel proprio sangue, la nuzialità come percorso santificante dell'intera comunità cristiana.

Il Vescovo Ausiliare, dal 1998 al 2006, ha seguito i nostri primi passi, tanto incerti quanto desiderosi di correre e, con sentire paterno e premuroso, ci ha aiutato a leggere il volere di Dio nella scoperta e nella consapevolezza della vocazione ricevuta. Abbiamo sperimentato, infatti, come la verginità non sia unicamente quella virtù interiore, nobile e spirituale purezza di cuore che viene dalla grazia dello Spirito, ma altresì una condizione, una via privilegiata che consente di camminare più speditamente verso l'unione perfetta con Dio.

Di qui gli incontri per il discernimento, l'accompagnamento iniziale e quello permanente, che hanno alimentato la nostra formazione umana, culturale e spirituale con giornate di studio, esercizi spirituali, ritiri nei tempi forti dell'anno liturgico, appuntamenti pastorali significativi. Si sono, così, radicati nel cuore grandi slanci di dedizione piena alla Chiesa, l'impegno di una buona preparazione culturale e teologica, la presenza di guide spirituali, la disponibilità a lasciarsi plasmare dalla Parola e dalla guida del Pastore della Chiesa locale, accogliendo la propria situazione lavorativa, familiare e personale come via di santificazione, espressa in una «regola di vita».

Arricchenti e stimolanti sono state, poi, l'amicizia e la fraternità con le consacrate di altre Diocesi italiane, particolarmente attraverso la presenza agli Incontri nazionali, dove ci siamo ossigenate alla spiritualità della Chiesa vergine, sposa e madre. Nutrendoci al cammino della comunità cristiana, che è in Italia, alla storia della sua vita, ci siamo ritrovate immerse nell'orizzonte della Chiesa universale, con una tappa provvidenziale: l'udienza con Benedetto XVI, durante il Convegno internazionale dell'*Ordo*, tenutosi a Roma nel maggio 2008.

Si comprende bene, allora, che le pagine che presento hanno il respiro di chi si consegna liberamente e definitivamente al Signore nella e per la mediazione della Chiesa, che – come a cerchi concentrici – dal «particolare» conduce all'universalità, passando per l'esperienza nazionale e viceversa.

Il testo offre alcuni interventi di mons. Pelvi che si è impegnato a riflettere su aspetti riguardanti l'*Ordo virginum*, nella predicazione e nell'accompagnamento spirituale di non poche consacrate.

Con uno stile di amichevole conversazione e l'attenzione al vissuto ecclesiale, ho pensato di raccogliere alcune tra le omelie e le conferenze che, alla luce della mia esperienza, considero utili, se non addirittura urgenti, per una vita verginale vissuta nello Spirito Santo e in fedeltà al Vangelo, così da accostare la realtà dell'*Ordo* nella sua profonda verità.

Di questo vorrei che il testo fosse testimonianza, nonché segno di gratitudine a chi si è accostato con semplicità di cuore a una forma di consacrazione ancora poco conosciuta e ha reso possibile la gioia di dare lietamente tutto all'Amato del cuore, a motivo dell'amore e nello spirito dell'amore.

I contenuti, opportunamente selezionati e raccolti in questa pubblicazione, interpelleranno meglio e di più chi li vorrà percorrere con libertà interiore e passione ecclesiale.

Che il Signore si degni di moltiplicare nella Chiesa «donne vergini» che, sull'esempio di Maria, offrano la propria verginità come luogo accogliente per la presenza di Dio, come dimora sponsale dell'intimità di una relazione interpersonale, nella quale già si respira la futura pienezza dell'Eterno.

GIUSEPPINA AVOLIO

I

Tanti volti... tante storie[1]

Rivestiti di luce, Chiesa di Napoli, perché sei la sposa bella amata dal tuo Dio. È il canto dell'animo di alcune giovani della nostra Diocesi, che hanno maturato l'appartenenza a Cristo sposo, fratello, amico, eredità e premio, Dio e Signore[2].

Cristo è tutto, ma occorre fissarlo come lo Sposo che, nell'Incarnazione, realizza l'incontro tra natura divina e umana e nella Pasqua celebra le nozze con l'umanità. Tutti i momenti dell'esistenza terrena di Gesù, storia di alleanza, radicata e prolungata nel Battesimo, hanno il colore e il calore nuziale. E in questo orizzonte la vergine consacrata, in virtù di un dono e di una chiamata personale, è la sposa che assume il suo Sposo quale maestro di vita nel sentire, nel pensare e nell'agire.

L'amore sponsale è, per sua natura, totale ed esclusivo, perché offerta di sé all'Amato, senza riserve e con cuore indiviso; amore perpetuo, perché non vuole venir meno, anzi, proiettandosi verso il futuro, vuole ricoprire l'intero arco della vita e sussistere anche dopo la morte.

Tanti volti e diverse storie annodate all'unico e insostitui-

[1] Presentazione della Lettera Pastorale del Cardinale Michele Giordano, *La vergine consacrata dono per la Chiesa locale*, a un gruppo di presbiteri della Diocesi, Seminario Arcivescovile, 13 novembre 2004.

[2] Cfr. Card. M. GIORDANO, *La vergine consacrata dono per la Chiesa locale*, Lettera Pastorale 8 settembre 2002, p. 7.

bile desiderio di consacrarsi totalmente al Signore in una forma «originale» e raccontare nella carne e nel proprio sangue la nuzialità come percorso santificante dell'intera comunità cristiana.

Nell'accostarci alla nuzialità, ci avviciniamo, in effetti, al Mistero, non a una filosofia. In realtà, la nuzialità non c'è: esiste il Dio vivente, che è amore nuziale, comunionale. Quindi, nella nuzialità noi accostiamo il mistero stesso in tutte le sue dimensioni, e troviamo quella via da percorrere che è la fede, sorretta dal desiderio di incarnare «ontologicamente» una ricca modulazione sponsale nella Chiesa e per la Chiesa.

Se la perfezione cristiana è la maturità nell'amore, la connotazione nuziale diventa il contenuto più suggestivo, entusiasmante e ricco per donne dalla vita interiore. Lo Sposo vuole e crea la più affascinante bellezza spirituale per la Chiesa, amatissima Sposa, che le sta «davanti» anche e specificamente nelle persone consacrate, alle quali consegna Se stesso.

> La vergine consacrata, allora, è chiamata a manifestare l'originalità e la ricchezza della figliolanza divina in tutta la sua specificità terrena, intensificando la sacralità di una vita dedicata esclusivamente all'amore di Cristo e al servizio del Regno. Il suo stato è un dono e non un privilegio, un progetto rivolto all'essere della persona che cerca di manifestare in pienezza la sua appartenenza a Cristo, facendola trasparire nella stessa sponsalità. E così, il divino e l'umano si fondono nella consacrata, come in Cristo Sposo, il quale ha congiunto a sé l'umanità, diventando modello di sponsalità. La consacrata, specchiandosi nello Sposo, racconta visibilmente la nuzialità della Chiesa, originata con il battesimo[3].

[3] *Ibidem*, p. 9.

Il rapporto con la Chiesa si fa, così, «carnale» e non solo spirituale, perché non si può amare Cristo, il capo, senza amare la Chiesa, suo corpo, e anche perché la Chiesa locale trasferisce se stessa nella vergine.

L'ecclesialità va vissuta come sponsalità nella Chiesa particolare, trovando le forme per conoscerla ed amarla nel suo vero essere, in un percorso continuo che si sviluppa in perenne e rinnovata fecondità. La carne della Chiesa è contemporanea a quella di Cristo e si manifesta in tutte le espressioni di verità e debolezza; localizzata storicamente, visibilizza il criterio della tensione tra il già e il non ancora, tra obbedienza e libertà, tra responsabilità personale e attese comunitarie. Questa tensione diventa per la consacrata apertura allo Spirito, esperienza viva del mistero che fa amare Cristo fino al dono della vita, attraverso una sponsalità senza limite[4].

Così la vergine, illuminata e orientata da questo incanto sponsale, viene «sparsa» nella diocesi dal Vescovo quale germe di testimonianza dell'amore di Cristo, per amare con cuore nuovo, grande e puro, con autentico distacco da sé, con dedizione piena e continua e, insieme, con una specie di «gelosia» divina (cfr. 2Cor 11,2), con una tenerezza che si riveste di feconda maternità, in grado di farsi carico dei dolori del parto, finché Cristo sia tutto in tutti (cfr. Gal 4,19).

1. Vergine della Chiesa

La metafora della sposa è, tra tutte, quella che più adeguatamente introduce il credente nell'intelligenza del rapporto tra Cristo e la Chiesa. Ma la metafora della sposa deve esse-

[4] *Ibidem*, p. 12.

re, necessariamente, integrata con quella della madre e della vergine. La Chiesa, per il fatto stesso che è Sposa di Cristo, è Madre feconda e Vergine intatta.

Nella Chiesa Sposa di Cristo la verginità, amore fedele, determina il dilatarsi della maternità verso tutte le genti, perché Cristo sia il primogenito di una moltitudine di fratelli (Rm 8,29); la maternità, generazione di vita divina, postula la verginità radicale del cuore, perché sia manifesto che lo Spirito agisce solo lì dove non c'è menzogna, né inganno, né doppiezza.

È necessario, però, ricordare che la condizione sponsale appartiene a tutta la Chiesa in quanto corpo mistico e popolo di Dio. In essa, i suoi membri, gli uomini e le donne, i coniugati e i celibi, partecipano della condizione e della dignità di *sponsa Christi*.

Tuttavia, sul piano simbolico, storico e linguistico la condizione ecclesiale di Sposa di Cristo acquista una maggiore visibilità nella donna e, in particolare, nella vergine consacrata. Infatti, nell'ambito della metafora Cristo Sposo-Chiesa Sposa, la vergine consacrata, dedicandosi nella totalità del suo essere, nel corpo e nello spirito, all'amore e al servizio esclusivo di Cristo, manifesta più compiutamente la condizione della Chiesa dedicata completamente ed esclusivamente a Cristo.

La vergine consacrata è segno della nuzialità della Chiesa non in virtù di un accordo verbale o figurativo, ma in virtù della sua condizione esistenziale e di una scelta cristiana, perché vive visibilmente l'espressione: Chiesa Sposa di Cristo.

Con la consacrazione nell'*Ordo*, la vergine, sempre fedele al Cristo Sposo, non dimenticherà mai che si è donata totalmente a Lui e al suo corpo che è la Chiesa.

«Se per la devozione ad un santo nasce una famiglia religiosa, che cosa non può nascere dalla devozione alla stessa madre dei santi che è la Chiesa? Che cosa non ne deriverà? Se faccio della Chiesa maestra e madre la mia sorgente, la mia regola, la mia vita, il mio spirito, la mia gioia, il mio entusiasmo, che cosa non sarà possibile?» (G.B. MONTINI).

Nel carisma della verginità, c'è la Chiesa madre che plasma e struttura la forma spirituale dell'anima consacrata, ossigenandola e nutrendola con la sua spiritualità. Perciò, la vergine trova la sua «famiglia» nella Chiesa locale dove respira – come *Ordo* – con le modalità del cuore del Pastore, considerato non un fondatore o un superiore da cui dipendere, ma il padre con cui condividere l'amore per Cristo e i fratelli:

> Amate la Chiesa: è la vostra madre. Da essa, mediante il solenne rito presieduto dal Vescovo diocesano, avete ricevuto il dono della consacrazione; al suo servizio siete state dedicate. Alla Chiesa dovete sentirvi sempre legate con stretto vincolo[5].

Il *sensus ecclesiae* aiuta e sostiene la vocazione nell'*Ordo virginum*, in quanto la Chiesa ogni giorno si genera e ciascuno la rende preziosa, splendente, senza ruga, né macchia, né altro di simile, ma bella e santa. In realtà, l'appartenenza alla Chiesa diventa visibile e non solo spirituale, di quella visibilità che commuove, che tocca profondamente le persone, non solo a livello sentimentale, ma anche sul piano dell'azione dello Spirito, al quale si corrisponde esemplarmente nell'impegno lavorativo e professionale.

[5] GIOVANNI PAOLO II, *Discorso alle partecipanti al convegno internazionale dell'«Ordo Virginum» nel 25° anniversario della promulgazione del rito*, in «L'Osservatore Romano», 3 giugno 1995, p. 5.

2. Vergine nella Chiesa locale

Nel carisma dell'*Ordo* resta nodale il rapporto della vergine consacrata con il Vescovo, custode della Chiesa, localmente situata, che continua ad essere arricchita da carismi e ministeri. Nella contemplazione della Sposa, che rifulge non della propria luce ma di quella del suo Sposo, il Pastore e la vergine vengono rafforzati nell'edificazione del Regno, per la gloria di Dio.

In particolare, la consacrata, con un cammino di graduale maturazione umana, spirituale ed ecclesiale, nel rapportarsi al Vescovo, alimenta e concretizza quella bellezza sponsale, che nello Spirito trasfigura sempre più la Sposa, peccatrice, nello Sposo, immacolato.

Questa consapevolezza di fede, rafforzata dalla consacrazione secondo l'*Ordo virginum*, spinge a vivere con il Vescovo un legame di affetto spirituale sincero e filiale e di partecipazione condivisa alla sollecitudine pastorale, vivificato dalla preghiera e dall'accoglienza del suo magistero, di cui essere un'eco appassionata e gioiosa non solo per le indicazioni pastorali, ma anche per quel sentire personale che è sostegno reciproco nella via della santità.

È consolante, allora, che il Vescovo, in Gesù, ascolti, conosca, condivida e accompagni la consacrata dell'*Ordo*.

La vergine, da parte sua, condivide nella Chiesa quei doni spirituali che contribuiscono ad ossigenare il ministero del Vescovo e la comunità credente con quello stile contemplativo che è prefigurazione dei beni futuri. «A chi è concesso il dono inestimabile di seguire più da vicino il Signore Gesù appare ovvio che possa e debba essere amato con cuore indiviso. L'unguento prezioso versato come puro atto di amore a Betania da Maria è segno di una sovrabbondanza di gratuità, quale si esprime in una vita spesa per dedicarsi al Signore e al Suo Corpo mistico. È da questa vita versata senza risparmio che si diffonde un profumo che riempie tutta la casa»[6].

3. La Chiesa locale, scuola di sponsalità

La natura della chiamata alla verginità consacrata nel mondo e l'importanza che ha il cammino formativo per realizzarla nelle normali condizioni di vita richiedono un itinerario, centrato sulla persona, che dinamicamente si lascia plasmare dallo Spirito.

È necessario prevedere cammini secondo un principio di gradualità e di adattamento di obiettivi, contenuti, mezzi, tempi che incontrino l'esistenza con metodi che inducano a crescere nella libertà, a saper pensare e agire con senso di iniziativa e responsabilità, sviluppando creatività e gratuità. Esiste, infatti, spesso una divergenza tra le aspirazioni di chi sente la chiamata e l'effettiva capacità di entrare nell'itinerario formativo. Le giovani hanno grandi slanci, ma anche carenze sia sul piano della maturità personale sia su quello della vita cristiana. Sono aperte a tanti valori evangelici, ma anche coinvolte in un relativismo che non aiuta ad acquisire stabili punti di riferimento. Perciò particolare attenzione va data al discernimento iniziale e a quello in vista della consacrazione, perché tengano conto della maturità umana, spirituale, ecclesiale, della capacità di servizio, di una sufficiente preparazione culturale e teologica, della presenza di un accompagnatore/trice spirituale, della disponibilità a condividere il cammino di preparazione o di formazione permanente con l'*Ordo* della diocesi[7].

[6] Giovanni Paolo II, *Vita Consecrata*, Esortazione apostolica (1996), n. 104.
[7] Card. M. Giordano, *La vergine consacrata dono per la Chiesa locale,* Lettera Pastorale, cit., p. 13.

L'*Ordo virginum* è una realtà giovane nella riflessione e nella prassi; necessita, perciò, di un'adeguata conoscenza delle sue linee di accostamento e formazione. Quanta familiarità, come presbiteri, abbiamo con i Prenotanda del Rito previsto per la consacrazione delle vergini? Quale impegno poniamo nello studio del pensiero patristico e del magistero su questa forma antica e nuova di vita consacrata?

Attualmente, l'aspetto più considerato è la formazione in vista della consacrazione, ma, sul lungo periodo, sia la formazione iniziale che quella permanente devono trovare propri spazi e consistenza, per essere in grado di sostenere un cammino di maturazione personale e vocazionale che non può mai ritenersi definitivo.

L'*Ordo virginum*, infatti, non è una struttura che, consolidandosi nel tempo, crea delle rotaie sulle quali le nuove vergini consacrate trovano un percorso già pronto. La persona che si coinvolge in questa vocazione è chiamata a formarsi in una storia che si evolve. La scoperta della consacrazione delle vergini, perciò, si misura nella quotidianità della vita, a contatto con il vissuto della Chiesa particolare. Vivere l'ordinario impegna a pensare allo sviluppo della vocazione ricevuta in termini specifici con connotazione diversa dalle forme usuali tipiche della vita religiosa. Non si tratta, certo, di individuare una via nuova per impostare un itinerario formativo. Occorre semplicemente lasciarsi provocare da ciò che già sostiene la vita cristiana e viverlo con quel «di più» proprio e specifico, nel dinamismo continuo della riscoperta e accettazione della volontà divina, sincronizzandosi sulle vie dello Spirito Santo e dimorando nel ritmo della grazia che già pulsa in noi e nel mistero della Chiesa.

Il tempo del discernimento iniziale è un momento di esame, rivisitazione e appropriazione del percorso di fede e della dimensione umana individuale. Bisogna avere un concetto chiaro di quello che si deve chiedere ad un'anima, quando scopre questo carisma: basta il sincero desiderio di voler conoscere la volontà di rispondere alla voce dello Spirito. Certo, chi viene per discernere, deve avere uno spirito di docibilità, anche perché un percorso vocazionale non corrisponde sempre alle proprie aspirazioni o progetti di vita. Chi si accosta all'*Ordo* deve considerarsi sempre una discepola che vuole camminare e progredire con la guida della Chiesa.

La consacrata si caratterizza come la discepola che si pone con amore ai piedi del Maestro (cfr. Lc 10,39). Infatti, se con il battesimo, la vergine è inserita nel mistero della Chiesa Sposa di Cristo, con la consacrazione viene immessa più profondamente in quel mistero e ne diventa segno più visibile. Nella liturgia il Vescovo prega dicendo: Lo Spirito Consolatore, che nelle acque rigeneratrici del Battesimo fece di voi il tempio dell'Altissimo, oggi mediante il nostro ministero vi consacra con una nuova unzione spirituale e a nuovo titolo vi dedica alla santità del Padre; mentre elevandovi alla dignità di spose di Cristo, vi unisce con indissolubile vincolo al suo Figlio.

Il discepolato sarà tanto più intenso quanto più profonda la consapevolezza di essere in ascolto delle parole di grazia che escono dalla bocca del Maestro per ricambiare il suo amore infinito, nella concretezza della vita: «Se mi amate, osserverete i miei comandamenti» (Gv 14,15). Amarlo, nella condizione sponsale, significa assumere i suoi stessi sentimenti (cfr. Fil 2,5), condividendo il suo stile di umiltà, mansuetudine e dolcezza; di infaticabile zelo per la gloria del Padre e la gioia del mondo[8].

Il periodo della formazione specifica è un tempo più connotato dal dialogo esplicito con la Chiesa particolare. In primo luogo, è il Vescovo che sostiene il tempo di discernimento specifico e invita ad assumere la vita di verginità per verificare l'autenticità e la libertà del desiderio. A tale pro-

[8] *Ibidem*, pp. 8-9.

posito, gli sposi cristiani, il presbiterio, la vita religiosa e la comunità credente offrono un aiuto indispensabile.

> Nel carisma della verginità consacrata c'è la Chiesa come madre, accolta in tutto ciò che è in se stessa, ossigenandosi alla sua spiritualità e nutrendosi al cammino della sua storia di vita. Di qui la verginità consacrata come una meraviglia ricevuta con la Chiesa e per la Chiesa, nella quale la propria volontà viene trasformata in quella di Dio[9].

La Chiesa si fa concreta nella Diocesi dove la vergine trova la sua «famiglia» e si inserisce esistenzialmente con modalità concordate con il Vescovo.

L'ascolto della Parola, la liturgia, la testimonianza della vita nuova sono strumenti che la Chiesa mette a disposizione e con cui la vergine consacrata matura, giorno dopo giorno con la sua femminilità, le virtù della fede, della speranza, della carità e dell'umiltà, coniugandole con le esigenze evangeliche di obbedienza, povertà, castità e martirio.

Nella formazione permanente, la vergine consacrata nell'*Ordo* è chiamata dalla fede all'ascolto della Parola nel profondo del cuore, trasformando ciò che ha udito in obbedienza. Non fugge, perciò, dalle sue fragilità, né dalle prove dell'esperienza ecclesiale, ma lascia che la speranza sospinga le debolezze umane oltre ciò che si vede. Impara a non aver paura dell'amore di Dio e della benevolenza delle persone, facendo della bontà divina la fonte e il senso della verginità, espressa in prudenza, coraggio e amorevolezza. Accetta, così, di camminare nella via delle Beatitudini, umiliandosi sino alla morte di croce, ma fissando lo sguardo sul Crocifisso Risorto, presente nella Chiesa.

[9] *Ibidem*, p. 10.

Respirare e pulsare con la vita della Chiesa locale, con la mente e il cuore, i programmi e le speranze, le sue preoccupazioni di evangelizzazione, di presenza e di servizio alle realtà del territorio, risulta elemento qualificante di garanzia per l'autentica partecipazione dell'*Ordo* alla missione ecclesiale[10].

Di qui alcune indicazioni operative come l'impegno del presbiterio diocesano nella pastorale vocazionale, con l'attenzione alle vocazioni di speciale consacrazione e la verifica delle condizioni richieste dalle Premesse al Rito, particolarmente: che la donna non sia mai stata sposata, non abbia mai vissuto pubblicamente in uno stato contrario alla castità, che, secondo un giudizio prudenziale, si possa ritenerla capace di perseverare per l'intera esistenza nel proposito di verginità[11].

La vera forza della vergine consacrata è la voce di Dio, che ridesta la vita da tutte le sue stanchezze, che consola e disegna un mondo colmo di consolazioni.

4. Contemplando la Vergine Santa

Levando lo sguardo e il cuore a Maria, ci pare di vedere in Lei, in modo riuscito e sublime, ciò che la vergine consacrata assume nella sua persona sia incarnando il Vangelo, sia indicando la trascendenza quale anima della storia umana, mediante l'affermazione del primato della grazia.

Maria ha sempre considerato e stimato l'essere donna come suo carisma, vocazione, suo ministero e l'ha portato a perfezione in ogni aspetto: di figlia, di sposa, di madre. In ciascuno di essi,

[10] *Ibidem*, pp. 11-12.
[11] Cfr. *ibidem*, pp. 16-19.

per dono singolare, Le fu dato di inserire lo slancio potente e l'offerta soave della verginità, e così divenne *Vergine figlia, Vergine sposa, Vergine madre,* vertice e prototipo di ogni verginità[12].

Che il Signore si degni di moltiplicare nella Chiesa «anime fedeli» che, sull'esempio di Maria, senza sosta, notte e giorno, facciano della loro vita una perenne lode a Dio.

[12] *Ibidem*, pp. 19-20.

II

Mettimi come sigillo sul tuo cuore[13]

Carissimi nel Signore,

è davvero motivo di profonda gioia ritrovarci stasera nella nostra splendida Cattedrale e ringraziare lo Spirito del Risorto per queste giovani, desiderose di seguire Cristo, immerse nella dedizione alla Sua Chiesa.

E siamo vivamente grati al nostro Cardinale Arcivescovo per la squisita paternità con cui ha accolto, seguito e benedetto la particolare forma di consacrazione nell'*Ordo Virginum*.

Rivolgo un saluto affettuoso a Giusy, Eleonora, Pina, Susi, Angela, Rita e Maria, ai loro genitori, ai familiari, agli amici, ai sacerdoti, alle religiose, ai ministri dell'altare e a tutto il popolo.

Saluto con particolare riconoscenza le sorelle dell'*Ordo Virginum* delle altre Chiese che sono in Italia e i sacerdoti che, pur tra qualche incomprensione e difficoltà, hanno accompagnato queste sorelle nel loro cammino vocazionale.

Mettimi come sigillo sul tuo cuore! È il grido della Chiesa a Cristo, della Sposa allo Sposo, dopo aver sperimentato l'amore; è l'invocazione di chi ritrova nel fondo del Mistero il motivo più stabile e dinamico della sua libertà ed eterna identità.

[13] *Omelia per la Consacrazione nell'Ordo Virginum*, Cattedrale di Napoli, 16 aprile 2005.

Queste giovani chiedono all'Amato di essere messe come sigillo sul suo cuore, cioè identificarsi totalmente in Lui, il Signore, che diventa per loro come la luce del giorno e l'aria cui non si bada; come la legge segreta di un movimento, che possono non comprendere bene, perché, coinvolte in esso, ne sperimentano un tratto troppo breve. E, così, l'eccelsa eredità della sacra verginità, lasciata da Cristo alla Sposa, adorna e arricchisce le nostre sorelle e, in loro, il mistico corpo della Chiesa, che è a Napoli.

Mettimi come sigillo sul tuo cuore! È la preghiera dell'unione assoluta e definitiva, è la vocazione, l'appello, la risposta, il cammino per raccontare, sia pure in modo germinale, la reciprocità e lo scambio delle Persone divine nella Trinità. Non è forse lo Spirito il sigillo di unione che respira nel Padre e nel Figlio? E la verginità non è forse l'essere assunti, per la grazia della speciale chiamata, dallo Spirito e ritrovarsi ossigenati dalla libertà più piena nell'abbraccio del Figlio al Padre?

Carissime, voi siete già nel seno del Figlio e, perciò, invitate a concretizzare sulla terra quella «parte» di inabitazione eterna del cielo. Come dovete splendere di bellezza, manifestando nello specchio della vostra esistenza la Chiesa Sposa adorna per lo Sposo. Entrate, perciò, quotidianamente nel «bacio» assoluto ed eterno dell'amore indicibile e trascendente: è la liturgia che trasforma in solennità i gesti della vostra esistenza, che non a tutti è dato di comprendere.

Mettimi come sigillo sul tuo cuore! Il vostro amore non soffrirà concorrenze, perché – come legame nuziale – è totale, radicale e intimo. Lo Sposo è sempre con voi. Non abbiate paura; la paura è il contrario della fiducia in Dio; è la fuga dalla volontà sua; è la trappola di bastare a se stessi, chiudendosi alle sante novità del Signore. Vi raccomando il vostro povero cuore: consolatelo, confortatelo e ricreatelo quanto meglio vi sarà possibile, perché possa servire Dio. È il motivo per cui dobbiamo trattarlo bene. Il cuore della sposa deve essere come l'agnello dell'olocausto da immolare per lo sposalizio e bisogna, quindi, conservarlo profumato e cosparso dai fiori delle virtù. È l'amore dell'Amato che cambia il cuore dell'amata!

Una voce, è il mio diletto. Egli viene balzando sui monti; una voce, quella dell'amato Pastore che mi segue e insegue con la soavità del suo amore. «Le mie pecore – ha ricordato Gesù nel Vangelo di stasera – ascoltano la mia voce, io le conosco ed esse mi seguono. Dono loro la vita eterna e non andranno mai perdute e nessuno le rapirà dalla mia mano». Lo Sposo parla, la sposa ascolta. Questa è la grande sorpresa: una voce attraversa tutte le distanze; un Io si rivolge a un tu. Su di voi, carissime giovani, si è posato uno sguardo, una parola, un appello. Ciascuna di voi è una chiamata tutta originale e particolare: questo il suo vero nome. «A mezzanotte – racconta l'evangelista Matteo e lo avete visibilizzato, stringendo le lampade accese, all'inizio di questa celebrazione – si levò la voce: Ecco lo sposo, andategli incontro» (Mt 25,6).

La vostra forza è in questa voce, è nella vostra vocazione, che accorcia ogni oscurità e ravviva la lampada del sigillo. La tua voce, Gesù, tocchi il cuore di queste sorelle, perché possano seguirti per sempre. Si, desideriamo seguirti; desideriamo Te che perdutamente amiamo; Te, Signore, per cui vale la pena giocarsi la vita senza nulla temere. Seguire Cristo vuol dire mettere in pratica la parola, che è la sua stessa vita. Cioè, imitarlo, assomigliargli, vivere come lui un'esistenza che non ci appartiene. A che scopo ascoltare la voce? Perché abbiano la vita in abbondanza e, così, nessuno può rapire le pecore dalla mia mano.

Voi, carissime giovani, siete nelle mani di Dio. Ripetetevi e ripetiamoci questa certezza. Affidiamoci a una tale rivelazione: siamo nelle mani del Signore. Voi occupatevi di Lui;

tocca a Lui occuparsi di noi. Come passeri abbiamo il nido nelle sue mani. Come bambini ci aggrappiamo fortemente a quelle mani che non ci lasceranno cadere. Come crocifissi ripetiamo: nelle tue mani la mia vita. Mani sicure, oggi e nell'eternità, dove ognuno ha un posto nelle mani del Padre.

Abbiate, allora, un interesse sempre nuovo per Gesù, perché è l'unico Sposo da ricevere in ogni minuto, da ascoltare, servire e capire. Non si affievolisca la meraviglia dell'incontro, lo stupore degli occhi, la gioia dell'anima, lo spasimo trepidante del passo, l'estasi della presenza da testimoniare nella sua Chiesa.

Non sta forse anche qui il motivo del Rito di consacrazione nell'*Ordo Virginum*; cercare, cioè, lo Sposo e riconoscerne il sussulto nel cuore della Chiesa, sua Sposa? Riconoscere la Chiesa come il vostro talamo nuziale; il grembo che vi ha generato alla fede e continua a generarvi; la teca dove si custodisce la memoria della vostra perenne fedeltà?

Nella nostra Chiesa di Napoli non vi chiederemo «a che cosa servite», né staremo ad osservare «se siete utili», ma annunceremo con franchezza che siete un «dono immenso» di predilezione divina per la comunità diocesana, che aspira ad essere senza macchia né ruga, ma santa e immacolata.

Continuerete, perciò, a esprimere con un impegno pastorale la disponibilità al Vescovo, ma ricordate di dover obbedire al Signore nelle condizioni concrete, testimoniando la consacrazione là dove si è, nelle condizioni di persone che vivono del loro lavoro, dando bella prova attraverso le buone opere, perché, apprezzate anche dal punto di vista professionale e sociale, si renda gloria a Dio.

La Vergine Santa invochi con noi il Santo Spirito, e – come tra poco diremo nella *Preghiera di Consacrazione* – vi conceda lo Spirito di prudenza, perché siate prudenti nella modestia; lo Spirito di saggezza, perché siate sagge nella bontà; lo Spirito di austerità, perché siate austere nella dolcezza; lo Spirito di castità, perché siate caste nella libertà; lo Spirito di perseveranza, perché siate perseveranti nella carità. Vivete con lode senza ambire la lode; temete Dio e servitelo con amore.

Per tali propositi interceda Giovanni Paolo II, il Pontefice che tutti noi abbiamo nel cuore, sicuri che, in questi momenti, vi presenta al trono dell'Altissimo dove è pronto l'Agnello per la vostra festa di nozze. Amen.

III

Umiltà e «Martyria»: Il volto del vescovo e della vergine consacrata[14]

Cristo è veramente risorto! Questa è la fede della Chiesa. È la speranza che illumina e sostiene la vita umile e la testimonianza splendida di ogni battezzato. «Se moriamo con Lui, vivremo anche con Lui» (2Tm 2,11). Certa è questa parola che confessiamo nella gioia dello Spirito, ancora una volta oggi, mentre proclamiamo, nel nostro Incontro, la Speranza di fronte al fallimento di tante speranze.

Inseriti nel cammino pastorale della Chiesa italiana, desidero orientare la mia relazione nell'orizzonte del IV Convegno Ecclesiale di Verona 2006, perché le riflessioni su *Umiltà e Martyria* dispongano i cuori a quella «speranza viva, per una eredità che non si corrompe, non si macchia e non marcisce» (1Pt 1,4).

1. L'orizzonte della speranza evangelica

Il tema della speranza, fiaccola della fede e soprassalto di carità di fronte a un futuro dagli esiti imprevedibili, rappresenta la prospettiva in cui si colloca il segreto dell'esperienza cristiana, il cui compito è far risplendere la luce di Cristo

[14] *Relazione tenuta all'Incontro nazionale dell'Ordo virginum delle Diocesi che sono in Italia*, Napoli, 27 agosto 2005.

nel nuovo millennio e rispondere a chiunque domandi ragione della speranza che è in noi (cfr. 1Pt 3,15).

Il nostro tempo ha una grande nostalgia di speranza, anche per i rischi insiti nelle rapide trasformazioni culturali; in particolare, per la deriva individualistica, la negazione della capacità di verità da parte della ragione, per l'offuscamento del senso morale. Chiamati, perciò, a collaborare con gli uomini e le donne di oggi nella ricerca e nella costruzione di una civiltà più umana e di un futuro buono, dedichiamoci ai frammenti positivi di vita, custodendo, però, la tensione verso la speranza escatologica, che non può mai essere del tutto esaurita.

I discepoli sono impegnati a continuare il racconto della speranza[15], a scrivere una per una le opere della fede che formano una sorta di cristologia vivente. Le situazioni nelle quali si esprime la testimonianza possono così diventare una storia del Risorto e un invito a svolgere quella «cristologia dinamica», formata dall'esperienza dello Spirito, attraversata dalla promessa: «Ecco, io sono con voi tutti i giorni, fino alla fine del mondo» (Mt 28,20). Solo qui la speranza cristiana trova il suo fondamento definitivo, radicata in un evento: Gesù è stato risuscitato. Questo fatto non è proclamato come un sogno o una storia mitica, ma attestato da testimoni credibili.

Ciò che Cristo ha fatto, succederà anche a noi; come egli non è rimasto nella morte, anche noi sfuggiremo agli artigli di quest'ultima. Attraverso il battesimo, infatti, siamo diventati una sola persona con Lui:

> O non sapete che quanti siamo stati battezzati in Cristo Gesù, siamo stati battezzati nella sua morte? Per mezzo del battesimo

[15] Cfr. GIOVANNI PAOLO II, *Ecclesia in Europa*, Esortazione apostolica (2003), n. 9.

siamo dunque stati sepolti insieme a Lui nella morte, perché come Cristo fu risuscitato dai morti per mezzo della gloria del Padre, così anche noi possiamo camminare in una vita nuova. Se infatti siamo stati completamente uniti a Lui con una morte simile alla sua, lo saremo anche con la sua risurrezione (Rm 6,3ss).

La Pasqua si è realizzata anche in noi[16]. Andiamo avanti con speranza! Un nuovo millennio si è aperto come oceano vasto in cui avventurarsi, contando sull'aiuto di Cristo. Il Figlio di Dio, che si è incarnato per amore dell'uomo, compie anche oggi la sua opera. Dobbiamo avere occhi penetranti per vederla e soprattutto un cuore grande per diventarne noi stessi strumenti[17].

Il riferimento allo sguardo penetrante (desidero ricordare con voi quello di Frère Roger) chiama in causa il ministero del Vescovo, segno di Cristo Sposo, e la vita della Vergine consacrata, modellata sulla Chiesa Sposa[18].

2. Il volto del Vescovo

È in atto un profondo mutamento nell'esercizio del ministero episcopale[19]. Impegnata nell'ascolto dello Spirito, la Comunità ecclesiale accompagna questo cambiamento con la sua riflessione sia per orientarlo, sia per attingervi luce. Nella linea del Vaticano II, sappiamo bene che non è possibile considerare il ministero del Vescovo se non nel respiro

[16] Cfr. CEI, *Testimoni di Gesù Risorto, speranza del mondo.* Traccia di riflessione in preparazione al Convegno Ecclesiale di Verona, Paoline, Milano 2005, p. 13.

[17] Cfr. Giovanni Paolo II, *Novo millennio ineunte*, Lettera apostolica (2001), n. 58.

[18] Cfr. *Rito di Consacrazione per le Vergini*, Premesse CEI II, 1 e 2 e n. 17.

[19] Cfr. S. Agostino, *Sermo* 340, n. 9: «Quali che siamo, la vostra speranza non sia riposta in noi. (...) Se siamo buoni, siamo ministri; se siamo cattivi, siamo ministri. (...) Se, però, siamo ministri buoni e fedeli, allora davvero noi siamo ministri».

dell'identità della Chiesa, comunione e missione, voluta da Cristo[20].

Il Vescovo, infatti, è servitore della comunità per amore di Gesù (cfr. 2Cor 4,5), pastore che offre la vita per le pecore (cfr. Gv 10,11) e la cui autorità deriva dalla centralità del mistero della Pasqua, che dal battesimo forma e plasma l'esperienza del credente.

Pensiamo, allora, al Vescovo come al battezzato che dalla volontà misteriosa di Dio è stato preso e, nella mediazione della Chiesa, inserito in quella trama di «missioni» che scaturisce dal seno del Padre con la donazione del Figlio al mondo da redimere, si prolunga nei Dodici, passa nei loro successori, immergendosi nella storia di ogni tempo e di ogni luogo[21].

È, dunque, un cristiano[22] chiamato, nella successione apostolica, a fare da anello tra il Signore risorto e la Chiesa di ogni tempo (cfr. Gv 20,21)[23]. Egli partecipa, come ogni cristiano, alla spiritualità, che è incorporazione a Cristo e si manifesta nella sequela. Se il battesimo è un vero ingresso nella

[20] Cfr. GIOVANNI PAOLO II, *Pastores gregis*, Esortazione apostolica (2003) e G. COLZANI, *Note sull'esercizio del ministero episcopale*, in «Vivens homo», 11 (2000), pp. 45-58.

[21] L'immagine del pastore rinvia alla sua collocazione nel mistero trinitario: «La vita di Cristo è trinitaria. Egli è il Figlio eterno ed unigenito del Padre e l'unto di Spirito Santo, mandato nel mondo; è Colui che, insieme col Padre, invia lo Spirito alla Chiesa. Questa dimensione trinitaria, che si manifesta in tutto il modo d'essere e di agire di Cristo, plasma anche l'essere e l'agire del Vescovo. A ragione quindi i Padri sinodali hanno esplicitamente voluto illustrare la vita e il ministero del Vescovo alla luce dell'ecclesiologia trinitaria contenuta nella dottrina del Concilio Vaticano II» (GIOVANNI PAOLO II, *Pastores gregis*, cit., n. 7). Cfr. *ibidem*, n. 7: «Questo vuol dire pascere Cristo, pascere per Cristo, pascere in Cristo, non pascere per sé al di fuori di Cristo. Il Vescovo è posto dallo Spirito a reggere la Chiesa di Dio: nel nome del Padre, di cui rende presente l'immagine; nel nome di Gesù Cristo suo Figlio, da cui è costituito maestro, sacerdote e pastore; nel nome dello Spirito Santo, che dà vita alla Chiesa e con la sua potenza sostiene l'umana debolezza».

[22] Cfr. S. AGOSTINO, *Sermo* 340, n. 1: «Con voi sono cristiano».

[23] Cfr. *Lumen Gentium*, n. 24 e *Christus Dominus*, n. 11.

santità di Dio attraverso l'inserimento in Cristo e l'inabitazione del suo Spirito, anche al Vescovo è stato chiesto come credente il radicalismo del discorso della montagna: «Siate perfetti come è perfetto il Padre vostro celeste» (Mt 5,48)[24].

Ma il Vescovo ripresenta anche Cristo, capo della comunità[25]. Tocca pertanto a lui verificare l'autenticità dei carismi, dei ministeri, delle operazioni, e armonizzarli in una vitalità che sia pienamente ecclesiale. Niente di evangelico può essere compiuto trascurando colui che va riconosciuto, per comando del Signore, il primo evangelizzatore (cfr. 1Cor 14,37)[26].

Già in pieno II secolo, dinanzi a forme di deviazione della fede, con la pretesa di non pochi che volevano interpretare le Scritture, la domanda era: chi insegna la vera fede? Dov'è la vera Chiesa? Di qui la risposta di Ireneo sulla *Tradizione* degli Apostoli che, resa manifesta nel mondo, è presente in ogni Chiesa, la cui guida non viene lasciata al caso.

Gli Apostoli hanno espressamente istituito dei successori (chiamati «vescovi»), affidando loro l'ufficio di insegnamento e volendo che fossero assolutamente perfetti e irreprensibili[27]. Da questi due requisiti, cioè insegnamento autentico e condotta irreprensibile, sarebbe dipeso il bene delle Chiese, mentre il loro venir meno avrebbe comportato una totale rovina per le medesime. Perciò, come nella voce degli

[24] Cfr. GIOVANNI PAOLO II, *Novo millennio ineunte*, cit., n. 31.

[25] V. PELVI, *In ascolto del cuore. Riflessione sui Vangeli*, Paoline, Milano 1996, pp. 48-49.

[26] Opportunamente il cardinale Biffi precisa che «a essere il sacramento della presenza di Gesù maestro e pastore in una Chiesa particolare, non è la "idea di vescovo", ma una persona concreta con la sua mentalità e la sua sensibilità; non è una "icona della episcopalità", venerabile e muta: è un uomo che parla, che insegna, che decide, con tutti i limiti della sua angusta umanità e con tutta la grazia che gli viene dall'autenticità del suo mandato. Il vescovo può anche non essere ascoltato; ma così si rischia di perdere il piccolo dono di Dio che è stato disposto per questi anni, in attesa dei doni più grandi che certamente ci saranno riservati per le epoche future», in G. BIFFI, *Liber pastoralis bononiensis*, EDB, Bologna 2002, pp. 355-356.

[27] Cfr. S. IRENEO DI LIONE, *Adversus haereses*, 3,3,1.

Apostoli è la voce stessa del Figlio di Dio che ascoltiamo, così nella voce dei Vescovi è la voce degli Apostoli che continuiamo ad ascoltare[28]. Il Vescovo è *fedele*, perché custodisce la *fede* in Dio (Padre), ricevuta dagli Apostoli, nella cui successione egli si pone. In secondo luogo è *buono*, perché fa crescere l'*amore* per il Figlio, come i veri *profeti*, che hanno parlato spinti dall'amore e non da interesse personale; perciò la sua condotta è irreprensibile. In terzo luogo, il Vescovo è *saggio*, come un vero *maestro*, che ha la parola sana, cioè spiega le Scritture in modo sicuro, perché le legge con quello Spirito che le ha prodotte. Egli, allora, è il pastore nel Pastore, speranza del mondo[29]. Il termine Pastore indica un ministero, che rimanda a un mistero di grazia. Il ministero è radicato nel mistero e nessuno può essere considerato pastore degno di tale nome *nisi per caritatem efficiatur unum cum Cristo*[30]. È la ragione fondamentale per cui la figura ideale del Vescovo, su cui la Chiesa continua a contare, è quella del Pastore che, configurato a Cristo nella santità della vita, si spende generosamente per la Chiesa affidatagli, portando contemporaneamente nel cuore la sollecitudine per tutte le Chiese sparse sulla terra (cfr. 2Cor 11,28).

[28] Non si danno, perciò, vere comunità cristiane al di fuori di questa successione apostolica, modellata su tre esempi biblici: Mosè, Samuele e Paolo. Mosè, pur avendo ricevuto una grande autorità sul popolo, si mantenne sempre lontano da ogni cupidigia e sopruso verso gli altri (cfr. Nm 16,15). Samuele, responsabile del popolo per tanti anni, alla fine della vita poteva dire di non aver mai oppresso o sfruttato qualcuno (cfr. 1Sam 12,2-5). Anche Paolo (cfr. 2Cor 2,17; 7,2) afferma la sua purezza di coscienza per non aver falsificato la Parola di Dio e per non aver fatto torto a nessuno, né aver corrotto o ingannato alcuno.

[29]

Mt 24,45:	- fedele	(buono)	saggio
1Cor 12,28:	- apostoli	profeti	maestri
Dio:	- Padre	Figlio	Spirito Santo (Scritture)
Vescovo:	- success. ap.	condotta irrepr.	parola sana

Cfr. E. CATTANEO, *Il ritratto del vero presbitero-vescovo in Ireneo di Lione*, in *Sicut flumen pax tua. Studi in onore del Cardinale Michele Giordano*, D'Auria, Napoli 1997, pp. 157-166; cfr. anche GIOVANNI PAOLO II, *Pastores gregis*, cit., n. 45.

[30] S. TOMMASO D'AQUINO, *Commento al Vangelo di Giovanni*, 10,3.

È Cristo che pasce il gregge, ma lo fa impersonandosi nei singoli pastori[31]. Da tale verità viene ricavata la dottrina sul mistero e sul ministero del Vescovo, con l'esercizio dei tre compiti: di liturgo nella celebrazione dell'Eucaristia, dei sacramenti, nella presidenza di tutta la vita liturgica della Comunità; compito di maestro nella predicazione della Parola di Dio e insegnamento autoritativo delle verità di fede; compito di pastore nel governo del popolo credente. Questi tre compiti sono tali che la predicazione e il governo tendono e si unificano nell'esercizio del compito liturgico di santificazione e culto che, generato nel battesimo, risulta come il centro e il vertice del mistero di Cristo, sommo sacerdote[32].

a. Maestro della fede

Origene e Agostino mettono in evidenza per il Vescovo il legame, da non interrompere mai, tra l'ascolto e il parlare. Scriveva Origene:

> Sono queste le due attività del Pontefice: o imparare da Dio, leggendo le Scritture divine e meditandole più volte, o ammaestrare il popolo. Però, insegni le cose che egli stesso ha imparato da Dio[33].

[31] Agostino esorta, perché tutti si trovino nell'unico Pastore ed esprimano l'unica voce del Pastore. Le pecore ascoltino questa voce e seguano il loro pastore, e non questo o quell'altro, ma uno solo. E tutti in lui facciano sentire una sola voce, non abbiano voci diverse: «Vi esorto, fratelli, ad essere tutti unanimi nel parlare perché non vi siano divisioni tra voi» (1Cor 1,10). Cfr. *Sermo* 46, nn. 29-30.

[32] Cfr. G. FERRARO, *Teologia dell'Episcopato nell'Esortazione «Pastores gregis»*, in «La Civiltà Cattolica», (2004), n. 1, pp. 62-71.

[33] ORIGENE, *Omelie sul Levitico*, VI.

Quanto ad Agostino, scriveva:

> A considerare il posto che occupiamo, siamo vostri maestri, ma rispetto a quell'unico Maestro, siamo con voi condiscepoli nella stessa scuola[34].

È significativo attribuire il ministero dell'insegnamento al Vescovo[35] chiamato ad «aprire il libro e leggerlo» (Ap 5,3), ossia a comprenderne il contenuto, per saper dire la direzione e il senso ultimo delle cose.

Gesù Cristo entra in possesso del volume sigillato (cfr. Ap 5,6-7); solo Lui è in grado di rivelare e attuare il progetto di Dio racchiuso in esso. Ma il Figlio di Dio consegna il volume aperto a Giovanni e, tramite lui, alla Chiesa intera. Giovanni è invitato a prendere il libro e a divorarlo: «Va, prendi il libro aperto dalla mano dell'angelo, che sta ritto sul mare e sulla terra [...] Prendilo e divoralo» (Ap 10,8-9). A Giovanni è indicata come condizione preliminare, perché possa svolgere il ministero della parola, il divorare il libro, che una volta assimilato in profondità, potrà comunicarsi in maniera comprensibile. E in Giovanni è presente ciascun Vescovo, che compie la missione di predicazione tanto con l'esempio quanto con la parola[36].

[34] S. Agostino, *Commento al Salmo 126,3.*

[35] Il Vescovo è *sottomesso alla Parola.* Durante l'ordinazione episcopale viene compiuto un gesto molto evocativo: l'imposizione dell'Evangeliario aperto sul capo dell'eletto. Si vuole con ciò esprimere, da una parte, che la Parola avvolge e custodisce il ministero del Vescovo e, dall'altra, che la vita di lui dev'essere interamente sottomessa alla Parola di Dio nella dedizione quotidiana alla predicazione del Vangelo con ogni pazienza e dottrina (Cfr. 2Tm 4). Cfr. Giovanni Paolo II, *Pastores gregis*, cit., n. 28.

[36] Cfr. Gregorio Magno, *Omelia per la festa di un santo evangelista*: «Ma quando noi smettiamo di dedicarci alla preghiera e alla santa riflessione, il sale diventa scipito, non dà più sapore ai cibi di Dio, perciò il Creatore non lo usa, perché esso per la nostra fatuità, non condisce proprio più. Ponderiamo dunque chi mai si è convertito per le nostre parole, chi si è corretto dalle sue azioni perverse per le nostre esortazioni, chi si è dato alla penitenza, chi ha abbandonato la lussuria per i nostri consigli, chi si è allontanato dall'avarizia o dalla superbia. Ponderiamo che guadagno abbiamo ottenuto per Dio noi che, ricevuto il talento, siamo stati da lui incaricati di trafficarlo».

L'ascolto, fatto di silenzio, attenzione e sforzo spirituale caratterizza il ministero episcopale, davanti a un mondo affascinato dall'effimero e da messaggi seducenti della mondanità.

Il Vescovo è la *creatura Verbi* seminata con abbondanza, larghezza, senza calcoli o esclusioni, e, camminando in mezzo a sassi e spine, interpella coloro che stanno a guardare sulla soglia.

Stando all'immagine del seme, il ministero episcopale si colora come di sapienza contadina, fatta di attesa, sorpresa, brivido ed emozione, guardando il terreno dove il seme porta frutto in abbondanza. È la pedagogia del prendersi cura, lasciandosi affiancare dal vero Seminatore, che prima si avvicina, spiega le Scritture, dopo si ferma a cena e fa ardere il cuore[37].

[37] Tutta la forza dell'evangelizzazione sta nella Parola di Dio. Il buon pastore, sapendo che *divina eloquia cum legente crescunt* (GREGORIO MAGNO, *Omelia su Ezechiele,* 1,7,8), «medita ogni giorno i precetti della parola sacra, affinché le parole della divina ammonizione ricostruiscano in lui la forza della sollecitudine e della previdente attenzione verso la vita celeste» (IDEM, *Regola pastorale*, 2,11). Egli sperimenta che è possibile penetrare profondamente nel mistero della Parola di Dio meditandola nella comunità: *quae solus intellegere non potui, coram fratribus meis positus intellexi* (IDEM, *Omelia su Ezechiele*, 2,2,1).

«Quando considero tra me e me fino a che punto il pastore d'anime debba essere umile e debba essere sostenuto, ritengo necessario che egli sia vicino, con umiltà, a chi compie il bene, e si disponga, con zelo per la giustizia, contro i vizi dei peccatori; e tutto in modo che egli non si innalzi mai al di sopra dei buoni, ma che sappia ricordarsi dell'altezza del suo potere quando la colpa degli iniqui lo esige. Eliminata la vana gloria, ritenga se stesso uguale ai suoi sudditi che vivono bene, e si innalzi contro le colpe degli uomini perversi, per zelo di giustizia. Dunque la virtù dell'umiltà deve essere coltivata in modo che non si allenti la rettitudine nel governare: se chi è a capo si abbassa più di quanto è conveniente, non può più guidare ad osservanza la vita dei sudditi. D'altra parte la severità e il rigore non devono essere tali che, per zelo eccessivo, vada del tutto persa la mansuetudine. Spesso, infatti, i vizi contraffanno le virtù: così l'avarizia pretende di essere parsimonia; la prodigalità, munificenza; la crudeltà, zelo per la giustizia; la debolezza, indulgenza. La fermezza e la misericordia, dunque, molto ne scapitano se sono una senza l'altra. È necessario possedere l'arte di un grande discernimento: la misericordia va applicata in modo che si proceda con giustizia e la severità in modo che si punisca con mitezza... Vi sia amore, ma niente lassezza; vi sia vigore, ma niente durezza!» (IDEM, *Lettera a Giovanni di Costantinopoli*).

Come lettore del Libro e Libro egli stesso, il Vescovo è l'innamorato del Vangelo, nel quale risplende la verità eterna che irradia educazione, cultura, narrazione della grandezza di Dio, racconto della totale appartenenza a Lui.

Nel parlare e nello scrivere occorre servire la verità: dirla, consegnarla, donarla, espanderla. Tu annuncia con insistenza (cfr. Tm 4,2.5), cioè non tenere per te quello che non è tuo, coniugando, con costanza e tenacia, sapienza ed efficienza, verità e carità, ammonendo, rimproverando, esortando, vigilando, sopportando, adempiendo a quanto affidato ai Maestri della fede[38].

Nella predicazione o nella catechesi Cristo insegna, mentre il Vescovo lo fa nella misura in cui è il suo portavoce. Rimanere in Cristo, perciò, è la condizione perché il messaggio sia realmente compreso e gioiosamente trasmesso agli uomini[39].

Per questo il Vescovo deve essere come «dentro» la Parola dal mattino alla sera, per lasciarsene custodire e nutrire

[38] Cfr. ORIGENE, *Commento alla lettera ai Romani*, 9,2: «Vi è una grande differenza fra chi parla in virtù della grazia e chi lo fa per umana sapienza. Spesso si è sperimentato che uomini eloquenti ed eruditi, molto dotati non solo nel parlare, ma anche nel comprendere, pur avendo tenuto molti discorsi nelle chiese ed aver goduto di grande successo, non sono riusciti ad eccitare a compunzione con i loro discorsi nessuno degli ascoltatori, né a farli progredire nella fede o nel timore di Dio per il ricordo delle loro parole. Ci si allontana da loro avendo goduto, con le orecchie, solo una sorta di diletto, di soavità. Spesso invece uomini di minore eloquenza, per nulla preoccupati di fare un bel discorso, con parole semplici e disadorne hanno convertito molti alla fede, hanno indotto i superbi ad umiltà, hanno conficcato nell'animo dei peccatori lo stimolo della conversione. Ed è questo certamente un segno che parlavano in virtù della grazia loro data». Cfr. anche GREGORIO DI NAZIANZO, *Il sacerdozio,* 16-18.26.28-34: «Solo l'esperienza e la situazione concreta danno al medico le indicazioni terapeutiche. Tanto è il lavoro che deve sobbarcarsi il buon pastore che vuole conoscere a fondo le anime del suo gregge e guidarle seconde le norme pastorali, rette, giuste e degne del nostro vero Pastore».

[39] In tal senso, sembrano appropriate alcune immagini: quella delle «tende», in cui il Verbo non disdegna di abitare; dei «lembi» del mantello, attraverso cui passa la potenza salvifica; delle «antenne», che collegano la terra al cielo.

come da un grembo materno[40]. Se ne fosse fuori, salvo entrarci per qualche istante o per qualche occasione, che ne sarebbe della vita della Chiesa?

> La Parola di Dio non la si porta in capo al mondo in una valigetta: la si porta dentro di sé, la si porta su di sé. Non la si ripone in un angolo di se stessi, nella propria memoria, come sistemata sul ripiano di un armadio. La si lascia andare fino in fondo a sé, fino a quel cardine su cui fa perno tutto il nostro essere... il segreto del Vangelo è essenzialmente una comunicazione di vita, è un fuoco che esige di penetrare in noi per operarvi una devastazione e una trasformazione...[41]

Basta dunque la Parola, una sola, e la vita si trasforma.

b. Ministro della grazia

Vivere e camminare alla presenza di Dio è l'impegno quotidiano del Vescovo, ministro della Grazia. Come Mosè, è sempre alla scoperta del mistero insondabile di Dio, e la contemplazione è come ossigeno per la sua azione pastorale. Egli, infatti, è un condottiero e un contemplativo e manifesta di essere padre, fratello e amico, soltanto se entra nel-

[40] S. AGOSTINO, *Come catechizzare i principianti,* 1,17: «Ad accrescere la nostra letizia, il pensiero e la considerazione da quale morte dell'errore l'uomo trapassa alla vita della fede. E se attraversiamo con piacevole gioia le strade che ci sono arcinote, quando mostriamo la via a qualcuno che forse si era stancato di girar qua e là: con quanta più alacrità e gioia dobbiamo camminare nella dottrina della salvezza, anche in ciò che per noi non sarebbe necessario ripetere, quando conduciamo per la via della pace l'anima misera ed affaticata dal vagabondare in questo mondo, per comando di colui che ce l'ha affidata?».

[41] Cfr. M. DELBREL, *Noi delle strade*, Gribaudi, Milano 2002, pp. 73-80. Cfr. GIOVANNI CRISOSTOMO, *Omelie su Lazzaro,* 1,1-4: «Volesse il cielo che le nostre parole avessero maggior effetto! Tuttavia, se i nostri ascoltatori restano nei loro vizi anche dopo le nostre esortazioni, noi non cesseremo mai di dare loro buoni consigli: le fontane continuano a scorrere anche se nessuno va a prendere acqua, le sorgenti continuano a sgorgare anche se nessuno attinge, i fiumi scorrono anche se nessuno beve. Anche il predicatore, perciò, per quanto nessuno ascolti, deve porgere a tutti ciò di cui è pieno».

la nube oscura e luminosa del mistero del Padre, del Figlio e dello Spirito Santo. Diversamente, tutto diventa un apparato senza anima[42]. Perciò, il Pastore, gloria di Cristo (cfr. 2Cor 8,23), orante che veglia con Lui (cfr. Mc 14,13), prolunga l'ora della redenzione nel tempo e nello spazio. Per sé e per il popolo, nella preghiera e nella contemplazione, trova la sorgente del suo essere ed agire.

La stessa liturgia diventa l'unica arma che la fa uscire dall'infinito mare delle proprie miserie e la trasporta nel ritmo della lode eterna: «Nessun'altra preghiera si addice tanto al Vescovo, quanto accedere a Dio e supplicarlo per il bene del popolo, più che per il proprio. Se Giobbe si alzava e tanto pregava per i suoi figli secondo la carne, quanto più dobbiamo farlo noi per i nostri figli secondo lo spirito!»[43].

Ma quale connotazione assume la preghiera del Vescovo? In modo tutto speciale sarà una preghiera tipicamente apostolica, cioè presentata al Padre come intercessione per ogni necessità del popolo che gli è affidato. Nel Pontificale Romano è l'impegno dell'eletto all'episcopato, prima che si proceda all'imposizione delle mani: «Vuoi pregare, senza mai stancarti, Dio onnipotente, per il suo Popolo santo ed esercitare in modo irreprensibile il ministero del sommo sacerdozio?». In modo tutto particolare, il Vescovo prega per la santità dei suoi sacerdoti, per le vocazioni al ministero ordinato e alla vita consacrata, perché nella Chiesa sempre più arda l'impegno missionario e apostolico.

Si tratta, soprattutto, di portare nella preghiera di intercessione la storia delle persone e delle comunità per capire a che cosa Dio chiami, quali parole si dovrebbero dire, quale evoluzione favorire nelle persone e nelle comunità, con quale *animus* incontrarle.

[42] Cfr. GIOVANNI PAOLO II, *Novo millennio ineunte*, n. 43.
[43] S. GIOVANNI CRISOSTOMO, *Omelie sulla seconda lettera ai Tessalonicesi,* 4,3-4.

Inoltre, nella preghiera il Vescovo frequenta quella grande scuola dell'anno liturgico, così da essere sempre intento a *quaerere Deum.* In realtà, nella preghiera, quando non si cerca Dio, ben presto l'animo si stanca di pregare. Quando, invece, l'anima anela con ardore al suo Signore, infiammata dal desiderio di Dio, si stacca dalle cose di quaggiù e si unisce a quelle eterne.

La liturgia è il luogo privilegiato nel quale il Vescovo edifica i partecipanti a crescere in una fede pura e profonda. Essa esige che nel modo di celebrare si annunci con chiarezza la verità rivelata e si esprima senza ambiguità la natura genuina della Chiesa. La verità della fede e della vita cristiana non si trasmette solo con le parole, ma anche con i segni sacramentali e l'insieme dei riti liturgici (*lex credendi-lex orandi).*

Questo lascia intendere che la responsabilità del Vescovo per l'educazione alla fede attraverso la liturgia chiede di percorrere, in concreto, tre sentieri: prima di tutto, la liturgia educa, quando si fa emergere la verità rivelata; quando, dentro di essa, viene annunciato il dono di grazia; quando si ha cura di esprimere, attraverso essa, il mistero della Chiesa[44].

Nel pensare alla vita liturgica del Vescovo, potremmo riferire, con analogia, quanto attribuito al Mistero della fede: la carne è donata con ardente disponibilità e Cristo, restando tra noi, si nasconde nell'offerta quotidiana. Il Vescovo, immolandosi silenziosamente con il Risorto, nello spezzarsi, teneramente, con il corpo e lo spirito, continua a realizzare nel suo ministero il legame indissolubile e salvifico tra la storia del cielo e quella della terra.

Particolarmente la celebrazione eucaristica educa il Vescovo al dono della speranza, rispettando il primato della grazia, come principio essenziale dell'esistenza, dando a

[44] Cfr. V. PELVI, *Teologia della celebrazione*, D'Auria, Napoli 1979.

Dio un primato incondizionato. Di qui l'amore pieno e totale, il lieto e incontenibile trasporto del Vescovo per la Chiesa, perché consapevole che in essa è presente, vive e agisce Colui, che è la sua scelta suprema e inalienabile. Nell'imitazione del *dilexit Ecclesiam*, il Vescovo trova la forza del mistero da cui è avvolto e l'invito santificante di rivivere nei suoi pensieri, nei sentimenti e nelle sue scelte la carità di Cristo, Pastore buono. In questa dimensione, il servizio episcopale si caratterizza come ministero di santificazione, fonte e culmine di ogni attività, in grado di sviluppare una pedagogia di santità e una mistica della comunione e realizzare quel principio di garanzia, previsto dal disegno di Dio sulla Chiesa ed esso stesso governato dall'assistenza dello Spirito Santo.

c. Servo della comunità

Il Vescovo, nell'esercizio del ministero di padre tra i fedeli, deve comportarsi come colui che serve. L'immagine del servizio ha un'espressione eloquente nella lavanda dei piedi, un atto di amore compiuto nel contesto dell'istituzione dell'Eucaristia e nella chiara prospettiva della passione e della morte. È un gesto rivelatore del senso dell'Incarnazione, ma, ancora di più, dell'essenza stessa dell'Eterno. Dio è amore, e per questo ha assunto la condizione di servo per portare l'uomo alla piena comunione con Lui.

Nella lavanda dei piedi compare quello che Gesù fa e quello che Egli è. Il Signore si abbassa, depone gli abiti della gloria e si fa schiavo; quello che sta presso la porta o compie per noi il lavoro servile della lavanda dei piedi. È questo il senso della sua vita e di tutta la sua sofferenza. È il mistero dell'Incarnazione che viene evocato nel cenacolo, alla vigilia della sua morte; è quel cammino che l'apostolo Paolo ricorda nella *Lettera ai Filippesi* (2,6-8). Da questo deriva una forte indicazione al Vescovo, che deve vivere il «discendere» per rendere tutti gli uomini idonei al convito, così che possano sedere gli uni con gli altri alla stessa mensa. Chi è il più grande si deve fare come il più piccolo, e colui che governa, come colui che serve (cfr. Lc 22,26-27)[45].

3. Il Vescovo tra umiltà e «martyria»

a. L'umiltà del Vescovo

L'umiltà deve guidare il Vescovo. Una virtù che deve possedere prima della chiamata, perché nel tempo della missione possa divenire fonte di serenità. «Sul mare calmo anche un inesperto sa guidare diritta una nave, ma se il mare è mosso da ondate tempestose anche un marinaio esperto si trova in difficoltà. E che cosa è il culmine del potere, se non una tempesta per la mente?»[46]. Nel guidare la nave della Chiesa, il Vescovo è simile al timoniere, mentre nel guidare i cuori del fedeli è simile al medico che si accosta a un malato. L'arte del medico esige la conoscenza della virtù terapeutica delle medicine. Tra i medici dello spirito vi sono, invece, alcuni che non conoscono le regole della vita spirituale e aspirano soltanto alla gloria di una dignità. Se manca l'umiltà, avviene che perfino la lingua si confonde, quando si insegna qualcosa di diverso da ciò che si è imparato. L'e-

[45] Cfr. Giovanni Paolo II, *Pastores gregis*, cit., n. 43: «Ministri per volontà del Signore dell'apostolicità della Chiesa e rivestiti della potenza dello Spirito del Padre, che regge e guida (*Spiritus principalis*), i Vescovi sono successori degli Apostoli non solo nell'autorità e nella sacra potestà, ma pure nella forma di vita apostolica, nelle sofferenze apostoliche per l'annuncio e la diffusione del Vangelo, nella cura tenera e misericordiosa dei fedeli loro affidati, nella difesa dei deboli, nella costante attenzione per il Popolo di Dio».

[46] S. Gregorio Magno, *Regola Pastorale,* 1,9.

sperienza pastorale mostra che, quando il pastore cammina per terreni scoscesi, il gregge che lo segue cade nel precipizio, è come se nei loro bicchieri bevessero fango, perché le sorgenti si sono inquinate.

Il più grande rischio per il Vescovo è lasciarsi attrarre dal potere terreno. L'uomo di potere, ingannato dagli adulatori, monta in superbia, e mentre all'esterno è circondato da grande favore, dentro è vuoto di verità. Per il Pastore, allora, vige un'istruttiva legge di vita, *norma doctrinae*: chi è superiore, deve recarsi e chinarsi su chi è inferiore per porgergli aiuto (come Maria ed Elisabetta o Cristo e Giovanni). L'unico vanto è la croce dell'Agnello; umiltà e passione sono come i risvolti di un'unica medaglia. Ciò viene indicato anche dal santo Olio della consacrazione episcopale, che dona fortezza e coraggio a chi lo ha ricevuto, ma anche a chi lo usa[47]. La *passio*, a somiglianza del chicco di frumento, porta sempre il suo frutto, sull'esempio di Colui dalle cui piaghe si è guariti. Il Pastore non può sottrarsi alle umiliazioni, che risolvono il problema della sua ed altrui santificazione[48]. E la vocazione ad essere agnello non coincide, forse, con l'offerta del Servo, che consegna il suo corpo e sangue per la vita del mondo? Questa dimensione, fortemente «balsamica» per l'umanità, riflette la ricca maternità della Chiesa serva. Chi si configura a Cristo, diventa carne della Chiesa, la Samaritana umile, che chiede l'acqua della vita.

[47] Cfr. *Traditio Apostolica*, 18.

[48] A riguardo, S. Giovanni Crisostomo afferma che «se saremo agnelli vinceremo. Ma se diventeremo lupi, saremo sconfitti, perché privi dell'aiuto del Pastore. Egli non pasce lupi ma agnelli. Per questo se ne andrà e ti lascerà, solo perché gli impedisci di manifestare la sua potenza» (*Omelia su Matteo* 33,1). «Se poi professare fede in Dio è una testimonianza, ogni anima che si è data ad una vita pura nella conoscenza di Dio e nell'obbedienza ai comandamenti, è martire, cioè testimone, nella sua vita e con le sue parole» (Clemente Alessandrino, *Stromata*, 4,13-15).

b. La «martyria» (parresía) del Vescovo

L'azione del Vescovo è caratterizzata da quella parresìa, che è frutto dell'operazione dello Spirito (cfr. At 4,31). Sicché, uscendo da sé per annunciare Gesù Cristo, il Vescovo assume con fiducia e coraggio la sua missione, *factus pontifex,* fatto veramente «ponte», proteso verso ogni uomo. Con passione di Pastore, esce per cercare le pecore, al seguito di Gesù, che dice: «Ho altre pecore che non sono di quest'ovile; anche queste io devo condurre; ascolteranno la mia voce e diventeranno un solo gregge e un solo pastore» (Gv 10,16).

Il testo biblico citato si trova nel capitolo quarto degli Atti degli Apostoli. Dopo i discorsi pubblici di Pietro e la guarigione dello storpio, Pietro e Giovanni vengono arrestati e, trascorsa una notte in prigione, vengono condotti davanti ai capi, agli anziani e agli scribi. L'interrogatorio induce Pietro, pieno di Spirito Santo, a parlare anche a loro di Gesù:

> Nel nome di Gesù che voi avete crocifisso e che Dio ha risuscitato, costui (lo storpio) vi sta dinanzi sano e salvo. Questo Gesù è la pietra che, scartata da voi, costruttori, è diventata testata d'angolo. In nessun altro c'è salvezza; non c'è infatti altro nome dato agli uomini sotto il cielo nel quale è stabilito che possiamo essere salvati (At 4,10-12).

Coloro che avevano chiamato in tribunale Pietro e Giovanni, vedendo la franchezza dei due, rimasero stupefatti. Ma, per evitare che il miracolo divenisse noto, ordinarono loro di non parlare assolutamente, né di insegnare il nome di Gesù. Essi risposero: «Non possiamo tacere quello che abbiamo visto e ascoltato» (At 4,20).

Tornati liberi, nella preghiera con i fratelli, rileggono il senso di quanto accaduto ed esclamano: «Concedi ai tuoi servi di annunciare con tutta franchezza la tua parola» (v. 31). La traduzione del greco *parresìa* oscilla tra fiducia, costanza, coraggio e franchezza. In particolare, il termine è invito a testimoniare sino al martirio: di qui alcune caratteristiche della *parresìa.*

Prima di tutto, negli Atti, *parresìa* è parlare di Gesù. Non è, dunque, un termine generico applicabile a ogni contenuto. Qui il contenuto è uno solo: Gesù. In secondo luogo, la *parresìa* sta in ciò che, a proposito di questo Gesù, gli Apostoli affermano in pubblico e con loro rischio personale. Egli è la pietra angolare scartata dai costruttori; è il solo nel quale vi può essere salvezza. In terzo luogo, la *parresìa* è forza interiore, che impedisce di tacere di ciò che si è visto e udito a proposito di Gesù. In quarto luogo, la fonte di questa energia è indicata nello Spirito Santo. Si verifica così quanto Gesù aveva promesso: «Riceverete forza dallo Spirito Santo e mi sarete testimoni a Gerusalemme, in Giudea e in Samaria, e fino agli estremi confini della terra» (At 1,8).

Tutto ciò aiuta a intendere correttamente il termine *parresìa* e a non dimenticarne mai la fonte, che è lo Spirito Santo, e l'oggetto a cui si riferisce, che è la persona stessa di Gesù. Tener conto, allora, che la *parresìa* si manifesta nel martirio. Prima di essere nelle parole, è nel cuore, quello credente in Gesù e quello che vuole obbedire a Dio prima e più che a chiunque altro sulla terra. *Parresìa* e prove, in realtà, vanno di pari passo. Quasi a dire che il Vescovo, chiamato alla *parresìa,* deve ritenere quasi normali le prove. «Se anche doveste soffrire per la giustizia, beati voi! Non vi sgomentate per paura di loro, né vi turbate, ma adorate il Signore» (1Pt 3,14).

Il Vescovo vede nell'atto di donarsi interamente al Signore fino ad annientarsi la realizzazione suprema della propria vocazione. Nel ministero possiamo individuare alcuni aspetti. Il primo è cristologico, cioè riguarda l'esemplarità di Cristo. Il Vescovo si pone sull'esempio di Cristo che ha dato la propria vita per i fratelli. E, sempre imitando Cristo, dona e offre la sua vita per amore. L'altro aspetto è la testimonianza della verità del vangelo. Il Vescovo vuole testimoniare la sua fede nel Risorto, nel Dio-uomo, nel Vangelo, verità ultima e fondamentale della storia[49].

Il martirio potrebbe definirsi la suprema incarnazione della speranza, vissuta dal Vescovo anche in situazione di ostilità e persecuzione con l'offerta della vita (cfr. Rm 12,1). Egli segue Gesù, «il testimone fedele» (1,5), «il testimone fedele e verace» (3,14), venuto nel mondo per «rendere testimonianza alla verità» (Gv 18,37). Sant'Agostino accettò per amore il servizio episcopale e scrisse: «Pregate per me, perché possa morire realmente o almeno con il desiderio per il gregge affidatomi *aut effectu aut affectu*»[50]. Se da Policarpo il nome di martire è riservato ai Vescovi, morti per Cristo[51], non tutti sparsero il proprio sangue, per il fatto che la persecuzione non era la situazione normale, bensì eccezionale, della Chiesa. Si cominciò, allora, a pensare che ci fosse, se non l'uguaglianza, almeno una certa assimilazione tra il martirio e alcune forme di vita virtuosa[52]. Si sono avuti,

[49] Il millennio iniziato ha bisogno, più che di apologeti, di testimoni del cristianesimo; come ricordava Paolo VI nella *Evangelii nuntiandi*. Oggi, in poche parole, vi è urgenza di uomini che, come i primi martiri cristiani e i grandi padri della Chiesa, più che sforzarsi di «provare» la risurrezione di Cristo attraverso ragionamenti o indizi di ordine storico, ne testimoniano la perdurante verità nella storia tramite la loro fedeltà al Vangelo, fino ad accettare di morire, perché la risurrezione di Cristo sia narrata come una ragione per la quale vale la pena di vivere e dare la vita. È questo il cuore del paradossale messaggio cristiano, che annuncia un amore più forte della morte.

[50] *Miscellanea Augustiniana*, 1,404.

[51] Cfr. Eusebio di Cesarea, *Storia ecclesiastica* V, 2, 2-3: «Sono martiri (*martyres*) – essi dicevano – coloro che Cristo si è degnato di ricevere nella confessione, dopo aver impresso in essi, con la morte, il carattere del martirio. Quanto a noi, siamo dei modesti confessori». Cfr. anche Ignazio di Antiochia, *Lettera ai Romani*, 4-8: «Vi scongiuro: non abbiate per me una pietà inopportuna. Sono frumento di Dio e devo essere macinato dai denti delle fiere per diventare pane puro di Cristo. Se qualcuno ha Dio nel cuore, comprenda quello che io voglio; e chi conosce la mia oppressione, abbia pietà di me! Il mio amore è crocifisso, e non vi è più in me un fuoco terreno, ma un'acqua viva mormora in me e mi dice dentro: Vieni al Padre!»

[52] Cfr. S. Metodio d'Olimpo, *Symposion*, VII, 3: «Le vergini subiscono un martirio che dura per tutta la vita». Commodiano afferma: «Multa sunt martyria quae.

così, i Vescovi ai quali è mancata l'occasione del martirio, ma non il desiderio del dono totale della loro vita a Cristo[53].

Nel Vescovo, quindi, la Chiesa prolunga la missione di Gesù, che non fu soltanto quella di annunciare il regno di Dio e chiamare gli uomini alla conversione, ma anche quella di soffrire e continuare la sua passione per la salvezza degli uomini[54]. Questo significa che il Vescovo intende affermare nella maniera più seria e più convincente che Gesù Cristo è il Figlio di Dio, che è la sua fede e che per questa sua fede egli accetta anche le sofferenze più atroci.

Ma la confessione di fede non è un fatto soltanto personale. Il Vescovo, infatti, è membro della Chiesa, di cui egli vuole testimoniare la fede. Il martirio è sempre un fatto ecclesiale. È tutta la Chiesa che, nella persona del Vescovo, confessa la fede in Gesù Cristo, nella maniera più concreta possibile[55]. «Noi abbiamo un legame con loro; la loro risolutezza può formare la nostra, non soltanto con l'esempio, ma perché forse essa ha meritato la nostra» (Pascal).

sunt sine sanguine fuso» (Ci sono molti martiri senza spargimento di sangue, in *Istruzione* II,7,14); e S. Basilio di Cesarea esorta i cristiani a «divenire martiri con la volontà, senza persecuzione, senza fuoco, senza battiture, e con gli stessi meriti dei martiri» (XL *Martiri*). A sua volta S. Giovanni Crisostomo aggiunge: «Non è soltanto la morte che fa il martire, ma anche la volontà» (*Inno a S. Eustacchio*). Parlando, poi, del sacrificio che il martirio comporta, osserva: «Puoi anche tu, se lo vuoi, offrirne uno simile. È necessario per questo gettarti nel fuoco? C'è un altro fuoco che tu puoi affrontare: quello della povertà volontaria, quello dell'austerità. Mortifica e crocifiggi il tuo corpo, e anche tu riceverai la corona del martire» (*Omelie sull'Epistola agli Ebrei,* XI,3).

[53] Ogni vita cristiana perfetta, in un modo o nell'altro, è un martirio. Perciò nel Medioevo si parlava – in particolare in Irlanda – del «triplice martirio»: il martirio «rosso», consistente nello spargimento del sangue; il martirio «bianco» dell'ascesi e della verginità; il martirio «verde» della penitenza e dell'andare in esilio allo scopo di testimoniare il cristianesimo in un altro Paese. In modo speciale, lo stato religioso era designato come la «vita martire» (cfr. J. Leclercq, *La vie parfaite. Points de vue sur l'essence de l'état religieux*, Brepols, Turnhout 1948, 125-160).

[54] Cfr. T. Williams (a cura di), *Testimoni e servitori della speranza*, Logos, Roma 2001.

[55] Per il martirio vale il detto di S. Agostino: «Non è la pena di morte che fa il martire, ma il motivo, la causa per cui egli viene ucciso» (*Commento ai Salmi* 34,2,12). Cfr. Basilio di Cesarea, *Lettere*, 243,1-4: «Ci ha colpito la persecuzione.

4. Il volto della vergine consacrata

«Certa è questa parola: se moriamo con Lui, vivremo anche con Lui» (2*Tm* 2,11). Il battezzato sa di poter contare sull'esperienza determinante del Risorto, altrimenti l'essere cristiani non porta alcuna novità nella vita dell'uomo. È necessario avere la certezza che la nostra speranza ha origine nel Crocifisso-Risorto. Le due parole «Crocifisso» e «Risorto», unite inscindibilmente, ci dicono la portata, la consistenza, la struttura della speranza cristiana. In questa compresenza di crocifissione e risurrezione, l'umiltà autentica la vocazione cristiana, e la *martyria* ne manifesta la piena maturità in Cristo.

Quindi, non si può non strutturare la vita della vergine che intorno all'esperienza del Risorto e, nello stesso tempo, tradurre con una testimonianza pienamente evangelica la fede pasquale, originata nel battesimo. «Giunge il giorno di Pasqua, in tutto il mondo si celebrano i sacramenti del battesimo, le vergini consacrate prendono il velo»[56]. La testimonianza di Sant'Ambrogio lascia intendere come il battesimo e la consacrazione delle vergini attingessero allo stesso mistero pasquale di Cristo, annunciato, celebrato per essere, poi, testimoniato nella vita cristiana di ogni battezzato[57].

Vengono perseguitati i pastori, perché siano dispersi i greggi. E ciò che è più grave, né i perseguitati accettano le tribolazioni con la coscienza fiduciosa del martirio, né il popolo venera questi eroi nella schiera dei martiri, perché i persecutori si ornano del nome di cristiani. Da veri discepoli del Signore, considerate come vostri i nostri dolori. Non per le ricchezze, non per la gloria e per null'altro di questo mondo ci vien mossa guerra, ma per l'eredità comune, per il tesoro paterno della fede sana stiamo combattendo!».

[56] S. AMBROGIO, *Esortazione alla verginità*, 7,42.

[57] «Penso che pur cambiando le forme – gran parte delle nostre comunità attive femminili viene dall'Ottocento, con la precisa sfida sociale di quel periodo e oggi le sfide sono un po' diverse – la Chiesa fa capire che ci sono forme per vivere vocazioni... Crescono nuovi modi, tanto da poter sperare che anche oggi il Signore conceda vocazioni necessarie per la vita della Chiesa e del mondo» (BENEDETTO XVI al Clero di Aosta, 25 luglio 2005).

a. Dal fonte battesimale la piena maturità in Cristo

Il battesimo impegna la consacrata a discernere e sostenere la propria vocazione mediante un itinerario di vita cristiana, che la conduca alla consapevolezza progressiva e personale della propria fede[58]. Si può stabilire una sorta di somiglianza, non però di identità, tra il modello con cui la Chiesa accoglie e accompagna i battezzandi, e il modo con cui accoglie e accompagna le consacrande alla verginità per il Regno, introducendole gradualmente nel mistero di Cristo e nella vita della Chiesa[59]. La notte di Pasqua diventava un racconto pienamente teologico, in cui era significata fortemente la continuità tra il battesimo, la professione della verginità e l'Eucaristia: *venit Paschae dies, in toto orbe baptismi sacramenta celebrantur, velantur sacrae virgines.*

Il fonte battesimale genera verginalmente creature belle[60], prescelte per la camera nuziale della luce divina, chiamate a regnare con lo Sposo, per cui non è errato affermare che l'ora del battesimo illumina l'ora della consacrazione. Da qui il rapporto essenziale, a modo di continuità liturgica e teologica, fra il battesimo e la consacrazione, che Ambrogio descrive attraverso il parallelismo della stola battesimale e quello dell'abito verginale[61].

La consacrata, già rivestita nel battesimo dell'umanità

[58] Cfr. Giovanni Paolo II, *Novo millennio ineunte*, cit., nn. 19-20.

[59] Cfr. *Rito dell'Iniziazione Cristiana*, CEI, *Premesse*, n. 3.

[60] Cfr. C.A. Alonso, *Professio virginitatis. Per una pneumatologia della verginità secondo Sant'Ambrogio*, in «Rivista Liturgica», 89 (2002), pp. 461-470.

[61] Il simbolismo ambrosiano della *stola* s'ispira alla scena della benedizione a Giacobbe. Vestire la *stola* significa spogliarsi della propria umanità peccatrice, cioè della vita secondo la carne e il corpo; è ritornare, anche nella carne, a quell'innocenza e nudità primitiva per rivestirsi spiritualmente dell'umanità verginale di Cristo. Allo stesso modo in cui il Verbo assunse l'umanità verginale formata dallo Spirito nel seno di Maria, anche Cristo assume misticamente e santifica nello Spirito l'umanità e tutta la persona della vergine. Così viene indicata ritualmente una sorta di nuova incarnazione, per la quale si va attualizzando nella vergine il mistero dell'umanità verginalmente incarnata di Cristo. Uno dei momenti rituali della *professio virginitatis* era la *mutatio vestis*. Probabilmente questo mutamento di veste

verginale di Cristo, si presenta al Padre. È questo il rito esterno della *sumptio stolae*, momento in cui la vergine sommerge *in vino stolam suam,* cioè si offre come sacerdote e vittima al Padre. Ella, con la professione della verginità, rimane, così, associata alla mediazione sacerdotale che Cristo iniziò nella sua Incarnazione e completò nel mistero della Sua Pasqua: «Sia fisso nel vostro cuore Colui che per noi è stato infisso sulla croce»[62].

Il rito della *stola* richiama alla vergine lo stato di umiliazione originato nel battesimo[63]. Lo spogliamento ascetico della propria tunica è un modo specifico di partecipare allo spogliamento di Cristo incarnato. Anche il Verbo s'incarnò, ma spogliato del peccato e con una carne in tutto verginale. Questa realtà viene vissuta dall'anima che si va spogliando di se stessa per rendersi sempre più verginale e assomigliare, nella propria umanità, a quella verginale di Cristo[64].

Allo spogliamento corporale segue quello delle vesti spirituali e del rivestimento di Cristo, per essere in Lui testi-

consisteva nel rivestirsi con una *stola*, ricordando il rito dello spogliamento realizzato nel battesimo. Nel sacramento, esso significava l'abbandono del peccato, il ritorno all'innocenza primitiva e il rivestimento di Cristo. Invece, nella consacrazione delle vergini, tutta questa teologia dell'incarnazione del Verbo ad opera dello Spirito, che appare sintetizzata nella *stola*, è anche la realtà significata nella *mutatio vestis* della *professio virginitatis.*

[62] S. AGOSTINO, *Sulla verginità*, 54.

[63] Il termine *stola* designa in S. Ambrogio il vestito proprio delle donne romane, talare, con molte pieghe che si raccoglievano nella cintura.

[64] Cfr. S. CIPRIANO, *La disciplina delle vergini*, 23: «Ma con maggior titolo compete a voi *la santità e la giustizia di questa seconda nascita*, a voi che avete ormai annientato i desideri della carne e del sesso, a voi che nutrite in cuore unica brama la virtù e l'eccellenza spirituale, che sarà la vostra gloria». Cfr. anche S. GEROLAMO, *Lettera*, 130: «"Io rinuncio a te, o Satana, al mondo che è tuo, alle tue vanità e alle tue opere", osserva il patto concluso: sii coerente e fedele nel custodire il trattato stipulato mentre percorri la strada di questo mondo». E ancora IDEM, *Lettera* XXII a Eustochio: «Non è sufficiente neppure aver disprezzato la carne, se non ti unisci agli amplessi dello Sposo... Nessuno ti sia d'ostacolo: né la madre, né la sorella, né un parente o il fratello. Il Signore ti considera tutta sua... Gesù è geloso: non vuole che altri...».

moni dell'amore del Padre[65]. Si tratta dell'abito della verginità consacrata. Con la consacrazione la vergine riceve da Cristo il *vestimentum pudoris*, come pure le *indumenta virtutum* che accompagnano la sua vita verginale. Spogliarsi dell'abito vecchio è abbandonare il peccato, crocifiggere l'uomo vecchio, per rivestirsi di Cristo, l'uomo nuovo, introducendosi nel mistero della Pasqua[66].

b. L'umiltà: se moriamo con Lui

L'umiltà è l'unità di misura con le caratteristiche di un'esperienza concreta, e tipicamente evangelica, tappa essenziale di ogni vita cristiana[67]. Non, quindi, solo virtù, ma piuttosto uno stato di umiltà, cioè, di una condizione di abbassamento, in cui ci si ritrova realmente «terra». Cristo si è abbassato, per questo è stato innalzato (cfr. Fil 2,5). Gesù ha più volte indicato ai suoi discepoli questo duplice movimento di discesa e di elevazione: «Chi si abbassa sarà innalzato» (Mt 23,12; Lc 14,11; 18,14).

Quando si parla dell'umiltà di Gesù, non ci si riferisce, certo, a una qualità di cui il Signore sarebbe venuto a darci l'esempio, bensì a un vero e proprio cammino di salvezza, la cui prima tappa consiste in un inevitabile abbassamento[68]. Si tratta dell'itinerario pasquale, radicato nel battesimo, al quale ogni cristiano è chiamato sui passi del Maestro. Un cammino segnato dalla tentazione al male, dinanzi alla quale si avverte la necessità assoluta dell'aiuto di Dio, a cui si grida

[65] S. CIPRIANO, *Lettere*, 100: «Beata Chiesa nostra, prima eri candida per le opere dei fratelli; ora ti sei fatta purpurea per il sangue dei martiri».

[66] Cfr. V. PELVI, *La riscoperta del battesimo*, in «Temi di predicazione», 41 (1997), pp. 156-165.

[67] Cfr. A. LOUF, *L'umiltà*, Qiqajon, Magnano 2000, pp. 24-32.

[68] Cfr. V. PELVI, *Consacrate a Dio in Cristo Gesù per i poveri: riflessioni sulla lettera di Giovanni Paolo II ai religiosi e alle religiose*, LDC Leumann, Rivoli 1991, p. 15.

aiuto. Proprio nel cuore della crisi nasce, come dono dello Spirito, l'autentica umiltà, che permette di attraversare la tentazione con il minimo rischio.

Il conflitto tra la carne e lo spirito, tra il peccato e la grazia, tra l'uomo e Dio implica la consapevolezza della vertiginosa debolezza di peccatori che siamo e insieme della forza soave e lieve, ma alla fine irresistibile, della grazia[69]. Qual è, allora, il compito dell'uomo nel cuore della tentazione? Seguire le tracce, umilmente e ogni giorno, della grazia di Dio.

La chiamata battesimale è una vocazione costante al superamento della confusione provocata dal peccato, con la conseguente trasformazione nella forza della bontà divina. Acconsentire a questa dolorosa pedagogia di Dio è, dunque, non fuggire davanti all'umiliazione inflitta dalla tentazione, ma in un certo senso abbracciarla. Nell'umiliazione accettata e spiritualmente assimilata ci attende la salvezza[70].

Ma la tentazione non è l'unica scuola di umiltà. C'è anche il superamento dei peccati contro l'umiltà. Basti pensare alla meschinità arrogante o a quegli atteggiamenti dimissori, sfuggenti e grigi che non ci coinvolgono nella vita ecclesiale e sociale. Come anche ai molti comportamenti che diventano luogo di esibizione della nostra persona, da mettere come in vetrina o da cercare di imporre all'attenzione degli altri, nascondendosi dietro parole o gesti recitati. E ancora a certi risentimenti, alla pusillanimità, ipocrisia, arroganza che ostacolano l'agire grande che lascia sor-presi, presi cioè da

[69] Cfr. R. de Langeac, *La vita nascosta in Dio*, Paoline, Milano 2003, pp. 110-113.

[70] Cfr. Isacco il Siro: «Credimi, fratello mio, non hai ancora compreso la forza della tentazione e la finezza delle sue astuzie. Ma un giorno l'esperienza te lo insegnerà, e ti vedrai davanti ad essa come un bambino che non sa dove sbattere la testa. Tutto il tuo sapere sarà mutato in confusione, come quello di un bambino piccolo. E il tuo spirito, che sembrava così saldamente radicato in Dio, la tua conoscenza così precisa, il tuo pensiero così equilibrato, saranno immersi in un oceano di dubbi. Una sola cosa allora potrà aiutarti a vincerli: l'umiltà. Non appena tu te ne impossessi, tutto il loro potere svanisce».

un disegno che ci supera e ci trascina fuori dalle angustie di ciò che è consueto. Anche questi ostacoli possono diventare via provvidenziale per crescere nell'umiltà.

Certo, la radice dell'umiltà si innerva in quella della fede, che riconosce in ogni evento sempre molto di più rispetto a quello che l'uomo può comprendere e gestire. È il paradosso del Vangelo: a chi vuole diventare umile si chiede di esercitarsi a ritenere gli altri superiori a sé (cfr. Fil 12,3) e preferire una stima minore a una maggiore, le situazioni umili alle più alte, l'ultimo al primo posto[71]. In tal modo l'umiltà è gemella del martirio. Ildegarda di Bingen, nelle sue visioni, presenta la testimonianza dell'amore in abito purpureo e l'umiltà in veste candida, entrambe si levano, esili ed eleganti, dall'acqua di un purissimo fonte, la purezza del Dio vivente, in cui tutte le cose sono ombre prima di essere fatte[72]. Quasi a dire che non devono spaventarci le cadute contro l'umiltà, perché veniamo costantemente risollevati e purificati dal Dio vivente, che conosce bene come sulla terra nulla può essere conservato uguale a come è in cielo.

S. Basilio, trattando dell'umiltà, evoca spesso nei suoi scritti la caduta dell'apostolo Pietro. Costui amava Gesù più di ogni altro, ma se ne era vantato un po' troppo. Il Signore lo abbandonò, allora, alla sua debolezza di uomo, ed egli cadde nel rinnegamento, ma la caduta lo rese saggio.

Il sentimento che alla fine prevale nell'uomo umile è una

[71] «È eroismo voler far morire in sé ogni forma di orgoglio. Per sentircene dispensati preferiamo recriminare ipocritamente contro i pericoli che l'umiltà cristiana farebbe allo sviluppo della nostra personalità. Ma ci inganniamo, e se abbiamo soltanto un briciolo di lealtà, dovremmo convenire che se tanti, ahimé, non riescono ad essere uomini maturi, non è affatto perché abbiamo coltivato assiduamente l'umiltà; è piuttosto perché le mille forme dell'orgoglio impediscono loro di partecipare all'abbassamento di Cristo per essere, da lui e in lui, convertiti e fatti crescere» (cfr. A.M. BESNARD, *L'umiltà,* Padova 1969).

[72] Cfr. ILDEGARDA DI BINGEN, *Il libro delle opere divine,* Mondadori, Milano 2003, pp. CII-CIII.

fiducia incrollabile nella misericordia, della quale ha intravisto qualche barlume, anche attraverso le proprie cadute. Questo gioco divino, della tentazione e della grazia, è un gioco di amore. Dio si rivela un educatore infinitamente amante e paziente, mite e umile di cuore, che vuole plasmarci a sua immagine. Egli è come una madre che porta per molto tempo il suo bambino fra le braccia, finché un giorno non gli insegna a camminare. Dapprima lo lascia andare; poi lo fa stare ritto e lo sostiene con la forza della sua mano, perché impari a mettere un piede avanti all'altro. Quindi, lo lascia un poco a se stesso, ma appena lo vede traballare, lo afferra subito, sostenendo i suoi passi vacillanti, lo rialza se è caduto o lo trattiene perché non cada, oppure lo lascia cadere dolcemente, per poi rialzarlo. Così il Padre che è nei cieli agisce con ciascuno di noi. Ma che fatica entrare in questa beatitudine! Che fatica lasciarsi andare, lasciarsi fare e guidare da Dio; che fatica rinunciare al nostro protagonismo e riconoscere che siamo solo riflesso di un Altro. Si tratta del cammino battesimale, la cui radice è un inevitabile abbassamento. È tale il percorso della vergine consacrata. Ella sperimenta, così, il brivido di quella libertà che prova solo chi si fida e si lascia portare dall'Amore, entrando nella fede, senza se e senza ma. L'umiltà non la fa fuggire da quella debolezza sentita sulla pelle; così come non la fa scappare dal limite ontologico consapevole. La vita, in realtà, più che un bene da possedere è un mistero da scoprire: «Tutto è vostro, e voi siete di Cristo» (1*Cor* 3,21-22)[73].

[73] Cfr. E. GIANNARELLI, *Maria exemplum mulieris nell'epoca patristica*, in *Maria nell'educazione di Gesù Cristo e del cristiano*, LAS, Roma 2002, pp. 205-218.

c. *Il martirio: vivremo anche con Lui*

La Chiesa ha trovato sempre, nei suoi martiri, un seme di vita. Forse siamo stati troppo abituati a pensare ai martiri in termini un po' lontani, quasi si trattasse di una categoria del passato, ma il nostro tempo è particolarmente ricco di testimoni, che in un modo o nell'altro, hanno saputo vivere il Vangelo in situazioni di ostilità e persecuzione, spesso fino ad affrontare la prova suprema del sangue[74]. Con il loro esempio ci hanno additato e quasi spianato la strada del futuro. Il martirologio è un grande libro aperto, nel quale oggi dobbiamo scrivere le nostre pagine di credenti.

Il battesimo, infatti, costituisce in se stesso una vocazione al martirio, al quale si è potenzialmente candidati[75]. Perciò nei primi secoli il martirio fu un indirizzo fondamentale della spiritualità cristiana: «Non è solo in tempo di persecuzione e sotto la costrizione del martirio che dobbiamo rinnegare noi stessi quali eravamo in passato, ma in ogni attimo della nostra vita, nelle opere, nei pensieri e nelle parole; e dobbiamo far vedere che siamo esseri effettivamente rinati in Cristo» (S. Girolamo). E soprattutto le vergini consacrate confessano la fede in modo eroico, sostituendo la *effusio sanguinis* con i *cotidiana martyria*. Ci vogliono una virtù eroica e un'attenzione sempre vigile per non vivere secondo

[74] Cfr. Giovanni Paolo II, *Tertio Millennio Adveniente*, Lettera apostolica (1994), n. 41 e Comunità di Bose, *Il libro dei testimoni,* Paoline, Milano 2002.

[75] All'alba del V secolo, S. Girolamo, commentando il testo di 2Cor 2,16, scrive alla vedova Edibia: «Dio trionfa nella passione dei martiri, nell'effusione del sangue in nome di Cristo, nella gioia che essi provavano sotto le torture. Effettivamente, quando uno vede i martiri starsene impavidi sotto i tormenti con tanta perseveranza e gloriarsi delle loro sofferenze, la conoscenza di Dio si fa strada tra i pagani come un profumo e fa nascere sotto sotto il pensiero che se l'evangelo non fosse vero non verrebbe certo difeso col sangue. Questa testimonianza, infatti, è incompatibile con la raffinatezza, con la preoccupazione delle ricchezze e con la tranquillità, ma la si dà in carcere, sotto le percosse, nelle persecuzioni, nella fame, nella nudità e nella sete».

la carne, combattendo giorno per giorno contro te stesso e il nemico che ti sta dentro.

La vita consacrata, nel fervore della sua austerità, diviene come un purificante martirio interiore con il combattimento contro il peccato fino alla morte. Quanti si donano totalmente a Dio sono già martiri nel desiderio:

> Stretta e scomoda è la via che conduce verso la vita; duro e scosceso è il sentiero per cui si accede alla gloria. I martiri sì, vanno per questo sentiero, per esso vanno pure le vergini e quelli che vivono in luce di giustizia. Seguite le orme dei martiri: essi non hanno più pensiero alcuno della carne e del mondo, essi combattono la loro battaglia di grandi gesta, di grandi ardimenti, di invincibile coraggio: così anche in voi, destinate al secondo gradino di grazia e di premio dopo quelli, sia emula la fortezza e la resistenza[76].

La sequela di Cristo, allora, è martirio, perché dal suo costato zampillano insieme i misteri del battesimo e del martirio. La fedeltà a Lui e la generosità del dono di sé non possono venir meno, perché nei riguardi del Signore l'unica ricompensa adeguata è contraccambiare il sangue con il sangue, ragion per cui, redenti dal sangue di Cristo, andiamo volentieri incontro alla morte per il nostro Redentore. La vergine, in particolare, diventa il sacrificio che, attraverso la mirra della propria mortificazione, sprigiona il buon profumo di Cristo consumando la propria esistenza stilla dopo stilla. Perciò, le vergini consacrate, al pari dei martiri, sono testimoni nella propria carne della morte di Cristo per la salvezza del mondo (cfr. Col 1,24):

> Contempla il Crocifisso: Tu sei la sua sposa. Unita a Lui, diventi onnipresente come lo è Lui. Non sarai limitata ad aiutare

[76] S. CIPRIANO, *La disciplina delle vergini*, 21.

qua e là come medico, infermiera, sacerdote, ma attraverso la potenza della Croce puoi essere presente in tutti i luoghi del dolore, dovunque ti porta la tua compassionevole carità, quella carità che attingi dal Cuore divino e che ti rende capace di spargere ovunque il Suo preziosissimo Sangue per lenire, salvare, redimere[77].

Tale dimensione, insieme escatologica e soteriologica, apre, sull'esempio della Madre di Dio[78], l'antica esperienza della vita consacrata alla più profonda identità ecclesiale, da vivere consapevolmente in attuazione e compimento del proprio battesimo[79].

La vera connotazione della consacrazione è la *martyria*. Le vergini sono luminose testimoni di Cristo fino al sacrificio della vita per causa sua, immerse in quel sacrificio incruento di sé che si consuma nel segreto di una coscienza disposta a ogni rinuncia per la fedeltà allo Sposo. Nell'ora

[77] *Esaltazione della Croce* (14 settembre 1939), in GIOVANNA DELLA CROCE, *Stare davanti a Dio per tutti. Edith Stein: vita, antologia, preghiere*, OCD, Roma 1991, pp. 281-284.

[78] Cfr. card. I. SCHUSTER, *Scritti sulla Chiesa orante, la Vergine Maria, la vita monastica*, Glossa, Milano 2005, p. 198: «Nel volare al cielo si staccò dal seno di Nostra Donna la sua spada di dolore, e cadendo andò a configgersi nel cuore della Chiesa. È la storia di XX secoli».

[79] Cfr. S. GREGORIO DI NISSA, *Trattato della verginità*, 23: «Mediante la crocifissione con Lui si ottiene di essere associati alla sua vita, alla sua gloria, al suo regno; e mediante l'offerta di se stessi a Dio, si può essere promossi dalla natura e dalla dignità umana a quella degli angeli». Cfr. anche S. AMBROGIO, *Esortazione alla verginità*, 7, 47-48: «Mortificate le vostre membra come se fossero un tamburo: non brucino d'impurità, ma si estingua in esse ogni ardore dei sensi. In esse non esulti che il solo spirito fra le spente brame della carne. Perché, se morrete al peccato, vivrete in Dio: vivrete qualora nelle vostre membra morte non regni la concupiscenza. Stringete fra le vostre mani la Croce di nostro Signore Gesù e, tenendola alta fra le vostre opere, calpestate questo basso mondo, e passate oltre. Il mondo, simile a un cavallo che agogna al piacere, non abbia a che fare con voi, e rimanga sommerso chiunque vi insegue per raggiungervi. S'alzi alla vostra destra e alla vostra sinistra come un muro d'acqua, onde temperi ogni ardore della carne, fino a che la divina misericordia vi conduca a quelle dodici mistiche fonti, a quei settanta palmizi, al riposo del grande sabato, e si degni di trapiantarvi sul monte della Sua eredità, dove guida i cori la beata Vergine Maria».

della prova, proclama con i fatti che la fedeltà al Signore è la realtà più preziosa, per cui vale la pena di sacrificare se stessa. La coerenza battesimale impreziosita dalla consacrazione va rinnovata quotidianamente, a ogni costo, perché chi avrà realizzato la propria vita secondo i criteri del successo, del piacere e del potere la perderà, mentre chi l'avrà perduta per Gesù la troverà[80].

Gesù sa benissimo che il coraggio di «dire» il vangelo e di «darsi» per il vangelo non è a basso prezzo. Non bisogna, tuttavia, aver paura del martirio, perché i persecutori hanno scarso potere sulla vita dei testimoni. Possono, certo, mettere le mani sul corpo, sulla vita presente, ma non sull'anima, sulla vita futura destinata alla visione beatifica. La «persecuzione» fa parte dello statuto della vergine consacrata, una caratteristica non abbastanza considerata. Se il mondo vi odia, sappiate che prima di voi ha odiato me... hanno odiato me e il Padre mio. Ma Gesù ha promesso il suo Spirito, il «Consolatore, che è Spirito di verità che procede dal Padre, egli mi renderà testimonianza; e anche voi mi renderete testimonianza» (Gv 15,18-27).

La persecuzione cristiana ha un sigillo inconfondibile. Avviene per un motivo soprannaturale, di fede, religioso. Gesù, infatti, spiega: per causa mia. Questo è il sigillo autentico della verginità e di ogni forma di testimonianza. È a causa di Cristo che il martire viene rifiutato e ucciso. Qui si colloca anche il nesso martirio-eucaristia, per cui la stessa ver-

[80] Cfr. S. GIOVANNI CRISOSTOMO, *Discorso* 34, 3s: «Quanto più saranno lunghe e dure le sofferenze del giusto nel confessare Cristo, tanto più crescerà la sua gioia eterna. Voi mi avete confessato con coraggio qui in terra – dice Cristo – e io vi prometto una ricompensa infinitamente al di sopra dei vostri meriti, poiché io vi confesserò in cielo. Perché allora vi affannate, perché volete cercare qui il vostro premio, voi che siete salvati nella speranza? Se fate del bene in terra e non ricevete qui alcuna ricompensa, non turbatevi, anzi rallegratevene, perché ciò significa che vi viene riservata per il tempo futuro, cioè per l'eternità, una ricompensa più grande dei vostri meriti».

ginità è definita «olocausto a Cristo» e le vergini ne sono le «ostie»[81], in quanto la vergine consacrata imita maggiormente il sacrificio dell'unica ostia pura, senza macchia e a Dio gradita: Cristo. Diventando come il tempio, il Santo dei santi, l'incenso per il sacrificio, l'altare, l'ostia «senza macchia»si eleva l'offerta della creatura redenta. Da qui lo stupore eucaristico e l'essere degni nel riceverla, tanto da pensare che soltanto la verginità ne sia degna; ciascuno si esamini e solo dopo si avvicini al corpo di Cristo[82]. Il sangue donato non è, forse, la dote nuziale offerta alla sposa?

Il mistero dell'altare custodisce, allora, quella verginità di mente, di cuore e castità fisica, condizioni per una vita verginale in se stessa «eucaristia vivente», sempre più somigliante e vicina in perfezione al divino e sublime modello. Non possiamo farcela senza la Cena del Signore, ma con la grazia dell'Eucaristia niente diventa impossibile alla vergine consacrata: «Chi ha mai visto uno sposo che si sacrifichi in occasione del banchetto nuziale? Chi ha mai visto una sposa resa felice dalla morte della persona amata? O amato, ricevi eterna lode, tu che col proprio sangue hai chiesto la mano della sposa»[83]. L'eucaristia è la sicurezza del cammino della consacrata, tanto che è sempre in pericolo... chi non si nutre quotidianamente del Pane celeste. In questo Anno eucaristico significativo e provvidenziale, voluto da Giovanni Paolo II, grande pastore della Chiesa, mi piace concludere queste

[81] Ricalcando la terminologia paolina, S. Girolamo scrive a Pammachio nell'elogio funebre della moglie Paolina, dandogli questo consiglio: «A Cristo non dare solo il tuo denaro, da' te stesso, come "ostia viva, accetta a Dio" (Rm 12,1); questo sarà il tuo "atto di culto che la ragione ti chiede". Così imiterai il Figlio dell'uomo» (*Lettera* 66,12).

[82] Cfr. L. Mirri, *La dolcezza nella lotta. Donne e ascesi*, Qiqajon, Magnano 1996, pp. 266-270.

[83] Efrem il Siro, in H. Rahner (a cura di), *Mater Ecclesia: inni di lode alla Chiesa tratti dal primo millennio della letteratura cristiana*, Jaca Book, Milano 1975, pp. 52-53.

considerazioni con un riferimento alla scrittrice tedesca Gertrud von Le Fort, che, nei suoi *Inni alla Chiesa,* presenta l'immagine della consacrata come una rosa bianca immersa ogni giorno nel calice del sangue eucaristico.

d. Assieme sui passi del Risorto

Riconosciamo un cammino di graduale maturazione umana, spirituale ed ecclesiale nel vivere il rapporto con il Vescovo, mai disgiunto dalla comprensione sempre più profonda del mistero della Chiesa locale[84]. Nel Vescovo incontriamo non solo il capo della Chiesa di cui facciamo parte, ma soprattutto il padre di questa Chiesa, quindi anche il padre della nostra anima. Pertanto il rapporto con il Vescovo va sempre cercato nella fede, con la volontà di considerare ogni cosa, anche nelle situazioni più difficili, sul piano più profondo dello spirito, da anima ad anima[85]. Non è forse questa la garanzia della *Traditio* che passa dallo Sposo alla Sposa?

La vergine consacrata, in realtà, realizza nella Chiesa un segno particolarmente visibile della comunione con il Vescovo, per il legame diretto che essa vive nei confronti della Chiesa locale, dove «si fonda, si alimenta e si manifesta la vita del popolo di Dio, perché ivi si celebra con tutta pienezza il mistero di Cristo»[86].

Questa consapevolezza di fede, rafforzata dalla consacrazione secondo l'*Ordo Virginum,* spinge a vivere con il Vescovo un legame maturo di affetto spirituale forte e sincero e di partecipazione condivisa alla sua sollecitudine pastora-

[84] Cfr. A. Louf, *Generati dallo Spirito*, Qiqajon, Magnano 1994.

[85] Cfr. V. Pelvi, *La religiosa nella missione della Chiesa locale*, LDC Leumann, Rivoli 1988.

[86] Rituale Romano riformato a norma dei Decreti del Concilio Vaticano II e promulgati da papa Paolo VI, *Rito dell'Iniziazione Cristiana*, CEI, *Premesse*, n. 2.

le, vivificato dalla preghiera e dall'accoglienza del suo Magistero, di cui essere un'eco appassionata e attiva non solo delle sue indicazioni, ma anche di quel sentire personale evidenziato nel «motto» di ciascun Pastore.

È consolante la certezza che il Vescovo, in Gesù, condivide la vita dell'*Ordo*, la conosce e la tiene presente nel suo cuore, perché, alla maniera di Lui, può dire: «Conosco le mie pecore ed esse ascoltano la mia voce» (*Gv* 10,14). Ammettendo una donna alla *consacratio virginum*, egli si fa garante dell'accompagnamento della Comunità ecclesiale nel suo percorso formativo e di discernimento, la sostiene nella concretizzazione della vocazione, la sollecita alla fedeltà e a un'adeguata formazione iniziale e permanente[87]. La sua presenza spirituale si dilata come ministero nella Chiesa (LG 11) e la sua pedagogia travasa in paternità spirituale nel sacrificio del servizio[88]. Il Vescovo è la guida, perché si possa portare, nella tormentata storia comune, nella cultura e nella civiltà, nella società e nei doveri quotidiani, quel sale che non deve insipidire e quel lievito che non deve indurire e una speranza che arde e non si consuma. D'altra parte, ciascuna vergine offre alla Chiesa, tramite il Vescovo e mediante il suo discernimento, la configurazione dei doni spirituali che ha ricevuto per opera dello Spirito.

In tal modo, la stessa vergine consacrata contribuisce ad ossigenare il ministero del Vescovo e la comunità umana con quella maturità mistica che si esprime in uno stile di vita che manifesta e prefigura la vita futura anticipata nella testimonianza della contemplazione.

[87] «Per le vergini che vivono nel mondo si richiede che siano ammesse alla consacrazione dal vescovo Ordinario del luogo. Spetta al vescovo stabilire in che modo le vergini che vivono nel mondo debbano obbligarsi ad abbracciare in perpetuo la vita verginale», *Rito di Consacrazione per le Vergini*, *Premesse*, n. 5.

[88] *Ibidem*, pp. 56-57.

A chi è concesso il dono inestimabile di seguire più da vicino il Signore Gesù appare ovvio che Egli possa e debba essere amato con cuore indiviso. L'unguento prezioso versato come puro atto di amore a Betania da Maria è segno di una sovrabbondanza di gratuità, quale si esprime in una vita spesa per dedicarsi al Signore e al Suo Corpo mistico. È da questa vita versata senza risparmio che si diffonde un profumo che riempie tutta la casa[89].

Il Pastore, da parte sua, immergendosi nel dono dell'*Ordo*, sperimenta una sorta di irruzione divina, con la quale realizza un'aggiunta di sorellanza simile a quella di Benedetto e Scolastica[90]. A riguardo, sono due le connotazioni più evidenti che qualificano il «legame pasquale» del Vescovo con la vergine consacrata, cioè la sponsalità e la comunione.

e. Vedere il Risorto: un'esperienza di sponsalità

Dalla consacrazione verginale scaturisce non solo l'appartenenza a Cristo, ma anche alla Chiesa, tanto che la *Virgo Christi* è la *Virgo Ecclesiae*. Se la professione della verginità è azione di Dio che consacra, essa è anche l'adesione della vergine, che esprime la sua donazione nella mediazione della Chiesa attraverso l'opera santificatrice dello Spirito, operante nel Vescovo. È la Chiesa, visibile nel ministero episcopale, a consacrare le sue vergini, concretizzando una vera appartenenza sponsale[91].

[89] Giovanni Paolo II, *Vita Consecrata*, cit., n. 104.

[90] Cfr. fr. M. Davide, *Le donne di San Benedetto*, La Meridiana, Molfetta 2005.

[91] È quanto descritto dall'esperienza contenuta nella Sacra Scrittura. Pensiamo al libro del Deuteronomio: «Tu amerai il Signore Dio tuo con tutto il tuo cuore, con tutta l'anima e con tutte le forze» (Dt 6,4). Questo amore diventa soprattutto ascolto del Signore e dei suoi insegnamenti: «O Dio, tu sei il mio Dio, all'aurora ti cerco, di te ha sete l'anima mia, a te anela la mia carne, come terra deserta, arida, senz'acqua» (Sal 62,1-2). Il profeta Geremia fa emergere questo tema in termini problematici: «Mi ricordo di te – dice il Signore – dell'affetto della tua giovinezza, dell'amore del tempo del fidanzamento, quando mi seguivi nel deserto, in una terra non seminata» (Ger 2,2-13; cfr. Ger 31,31-34).

La sponsalità è vissuta dal Vescovo, segno di Cristo Sposo, e dalla vergine consacrata, riflesso della Chiesa Sposa. È un dono stupendo dello Spirito che richiama una relazione fatta di amore, di libertà, di gratuità, di gioia, di risposta alla domanda: «Dov'è il tuo cuore? Dov'è il tuo tesoro?». Il Vescovo e la consacrata incarnano, nel modo rispondente alla propria vocazione, una ricca modulazione sponsale nella Chiesa e per la Chiesa.

Se la perfezione cristiana è la maturità nell'amore, la connotazione sponsale diventa il contenuto più suggestivo, entusiasmante e arricchente di uomini e donne di vita interiore. Lo Sposo vuole e crea la più affascinante bellezza spirituale per la Chiesa, amatissima Sposa, che le sta «davanti» anche e specificamente nelle persone consacrate, alle quali consegna se stesso[92].

Perciò, la vergine, illuminata e orientata da questo Incanto, viene «sparsa» nella diocesi dal Vescovo, immagine dello Sposo, quale germe di testimonianza dell'amore sponsale di Cristo, per essere, quindi, capace di amare con cuore nuovo, grande e puro, con autentico distacco da sé, con dedizione piena e continua, e insieme con una specie di «gelosia divina» (cfr. 2Cor 11,2), con una tenerezza che si riveste di maternità feconda, in grado di farsi carico dei dolori del parto, finché Cristo sia tutto in tutti (cfr. Gal 4,19). Questi tratti maturano e visibilizzano il *sentire cum Ecclesia*, allenando il cuore a concepire e percepire la comunione ecclesiale come il proprio bene. Facciamo della Chiesa la casa e la scuola della sponsalità.

[92] «Numidico, con le sue esortazioni, mandò avanti a sé un numero glorioso di martiri, uccisi dalle pietre e dalle fiamme, e vide lieto la sua sposa, stretta al suo fianco, con gli altri bruciata, o, direi meglio conservata; egli, tutto ustionato ed oppresso dalle pietre, fu abbandonato come morto» (S. CIPRIANO, *Lettere*, 40, Al clero e alla comunità di Cartagine).

f. Incontrare il Risorto: un'esperienza di comunione

Il più grande bene della Chiesa è l'unità. L'unità nasce dalla carità: «È proprio della carità coltivare la concordia, conservare l'unità, superare le divisioni, raddrizzare le vie tortuose e consolidare le altre virtù con il suo vincolo perfetto: chiunque si innesta nella sua radice è sempre verdeggiante e ricco di frutti»[93]. Se nel Vescovo e nella consacrata è presente la nostalgia del cielo, la vita della Chiesa locale trascorre più lieta e fervente, senza musoneria, senza restringimento di cuore, senza incomprensioni, senza insofferenza di caratteri[94].

Il canto della carità nel tempo della vita terrestre è annunzio della gioia della vita eterna. Lassù, dopo l'amarezza delle prove, dopo il pianto delle tribolazioni, l'uomo vedrà il volto di Dio nel giubilo. E per la carità, i Vescovi sono custodi della Chiesa.

> Per questo il loro posto è collocato in alto, perché essi sovrintendano e quasi custodiscano il popolo... Come dunque custodiamo? Come uomini: quanto possiamo, quanto ci è dato. E giacché noi custodiamo come uomini e non possiamo custodire in modo perfetto, per questo resterete senza custode? Non sia mai. Dove è infatti colui di cui si dice: Se il Signore non avrà custodito la città, invano faticò chi la custodisce? Ci affatichiamo custodendo, ma vana è la nostra fatica, se non vi custodisce colui che vede i vostri pensieri. Egli vi custodisce quando vegliate, vi custodisce quando dormite... Vi custodiamo dunque per compito del ministero sacro, ma vogliamo essere custoditi con voi. Siamo come pastori per voi, ma sotto quel Pastore siamo

[93] «Come nelle melagrane i molti grani dell'interno sono protetti da un'unica scorza esterna, così l'unità della fede protegge tutti insieme i popoli che costituiscono la Santa Chiesa» (*Regola Pastorale* 2,4).

[94] Cfr. card. I. SCHUSTER, *Carmen nuptiale*, Scuola tipografica San Benedetto (Abbazia di Viboldone), San Giuliano Milanese 1953, p. 30.

con voi pecore. Siamo per voi da questo luogo come maestri, ma sotto quell'unico Maestro in questa scuola siamo con voi condiscepoli[95].

Nella porzione di Chiesa dove vive, da cui è nutrita e a cui si dedica, la vergine consacrata scopre l'amore sponsale di cui è segno, cammina nella fede, nutre la speranza, vive nella carità, sperimenta che la vera gioia nasce dall'umiltà: annuncia il Vangelo in obbedienza, povertà, castità. Ella diventa strumento di comunione e segno credibile dell'avvento del Regno.

La comunione tra il Vescovo e la vergine consacrata dispone a uno stile sempre più aperto alla collaborazione. Vi è una sorta di accoglienza, condivisione, circolarità fra quanto il Vescovo è chiamato a decidere con responsabilità personale per il bene della Chiesa affidata alla sua cura e l'apporto che la vergine gli può offrire attraverso la preghiera, la conoscenza di situazioni liete e tristi, il genio femminile che permette di lasciar sbocciare e crescere la vita e la dignità umana. Il Vescovo sta «di fronte» alle vergini consacrate e, nel medesimo tempo, «insieme» con esse. La differenziazione ontologico-funzionale, che pone il Vescovo di fronte sulla base della pienezza del sacramento dell'Ordine che ha ricevuto, è un essere per gli altri fedeli, che non lo sradica dal suo essere con essi con mansuetudine e pazienza.

Correggi il fratello e ciò con dolcezza ed amore, non come un nemico, ma come un medico rigoroso che non sa far altro se non cauterizzare e tagliare, e insieme riconosci te stesso, e la tua debolezza. Sei discepolo di Cristo, mite e pieno d'amore per gli uomini, che portò su di sé le nostre debolezze. Se la prima volta recalcitra, sii paziente; se lo fa la seconda volta, non perdere

[95] S. AGOSTINO, *Esposizione sui Salmi*, 126, 2-3.

la speranza: non è giunto ancora il momento buono per la cura; e se lo fa anche la terza volta, mostrati un agricoltore premuroso: prega cioè il Padrone di non recidere né odiare il fico infruttuoso (cfr. Lc 13,8), ma di coltivarlo piuttosto e curarlo e gettarvi concime: parlo cioè della correzione che ha luogo per mezzo della confessione, dell'umiliazione in pubblico, del comportamento umile nella pubblica penitenza. Chissà che non muti e porti frutto, ed offra così cibo a Gesù che ritorna da Betania? Ed è un membro tuo, per il quale Cristo ha sofferto![96]

Siate tutt'uno con il pensiero del Vescovo, concertando nella più stretta armonia, per inneggiare a una voce al Padre per mezzo di Gesù Cristo; egli vi ascolterà e riconoscerà, dalle vostre opere, che voi siete il canto del suo Figlio. «È bene per voi – scrive Ignazio di Antiochia agli Efesini – restare nell'unità più indiscussa, per essere così sempre uniti a Dio. Non opponiamoci dunque al vescovo, stiamone attenti, perché Iddio non si opponga a noi. Quanto più ci si accorge che il vescovo tace, tanto più bisogna rispettarlo. Perciò è evidente che dobbiamo venerare il vescovo come il Signore in persona».

5. Spiegaci la parabola della speranza

Chi ha in mano il corso degli eventi, si domanda Giovanni nell'Apocalisse? Coloro che non credono risponderanno: il destino cieco, il caso e il fatalismo. Quelli che credono danno un'altra risposta. Cristo, dice Giovanni, dirige il corso degli eventi: «Colui che tiene le sette stelle nella sua mano e cammina in mezzo ai sette candelabri d'oro» (Ap 2,1). È Gesù che cammina in mezzo alle sette chiese perseguita-

[96] S. Gregorio di Nazianzo, *Discorso sulla moderazione nel disputare*.

te, le custodisce e le protegge, giudica il male e ricompensa il bene. L'Apocalisse dice che Cristo rimuove il fatalismo dalla storia e controlla la spirale del male e della violenza nel mondo. Nulla è ineluttabile, dato che egli è il Signore di tutta la storia e dell'universo. Molta della nostra depressione nel mondo e nella Chiesa deriva dal fatto che non siamo capaci di leggere questo libro. Noi vediamo solo l'esterno della storia, ma quelli che leggono l'Apocalisse ricevono nelle loro mani la chiave dalla storia del mondo: «Ha vinto il leone della tribù di Giuda, il Germoglio di Davide, e aprirà il libro e i suoi sette sigilli» (*Ap* 5,5).

Le sette chiese sono oggi le nostre Chiese locali, in cui tutto funziona bene a livello organizzativo, le gestioni impeccabili sono traboccanti di programmazioni e organizzazione. Ma a che punto è la loro vita di preghiera?

Chiese autosufficienti ce ne sono ancora: sono Chiese ricche, che contano sulle proprie risorse. Non sono né calde né fredde, ma efficienti e prammatiche. Si credono ricche e invece sono molto povere. Siccome comperano tutto a casa propria, sono diventate... fornitrici di se stesse.

Ma ci sono anche Chiese povere, come quella di Smirne, perseguitate e criticate, sprovviste di mezzi. Si fidano, però, di Cristo, e in realtà non è ancora loro capitato il peggio. A queste Chiese molto è promesso: la fede e una grande fecondità apostolica, la forza di una colonna del tempio e la piena rivelazione dei segreti di Dio.

Ci sono, poi, anche Chiese come quella di Filadelfia, il cui unico punto di sostegno è la Parola di Dio. Esse fanno fatica ad avere l'Eucaristia e i sacramenti, eppure possono sperare un grande futuro. Di qui l'esigenza di lasciarci spiegare da Gesù la parabola della speranza.

L'immagine per eccellenza della speranza ha nell'umiltà la sua sorgente e nella *martyria* la pienezza. Chi vive nell'umiltà e nella testimonianza non ha nulla in più su cui contare, perché gli rimane solo Dio come roccia e fortezza. Senza questa speranza pura e radicale, rinneghiamo il nostro battesimo e la figliolanza divina. Nella Chiesa ci sono ancora tanti umili e martiri; non sempre versano il loro sangue. Sono i battezzati con la veste bianca o il velo purpureo, che osano parlare nei gulag della nostra società, perseverano nella fede in Cristo, anche quando sono sbeffeggiati e ridicolizzati; che resistono al razzismo, all'esclusione e all'emarginazione e agli slogan dell'opinione pubblica. Sono quelli che perdonano sempre, anche quando è stato fatto loro molto danno e che sanno rendere bene per male. Sono le splendide icone della speranza nella Chiesa e nella società. Finché ce ne saranno, la speranza non morirà mai[97], perché si saprà vedere e amare quello che non è ancora e che sarà, insegnando che non tutto è perduto[98].

Il pensiero conclusivo va alla Vergine Maria, modello delle vergini consacrate e specchio per le figlie di Eva. Facciamo nostre le parole che Efrem il Siro fa pronunciare dalla Madre rivolta al Figlio:

> Come ti devo chiamare, dal momento che tu sei a noi estraneo e sei diventato uno di noi? Devo chiamarti figlio? Fratello? Sposo? Signore? Tu che hai generato tua madre in un'altra nascita dall'acqua! Sorella io ti sono della casa di Davide, il quale è padre di entrambi noi. Anche madre io ti sono, poiché ti ho porta-

[97] «Gesù (Maestro e Signore) Esempio dei martiri. Gesù Gloria dei martiri. Gesù Corona dei martiri. Gesù Sapienza dei martiri. Gesù Perdono dei martiri. Gesù Passione dei martiri. Gesù Luce dei martiri. Gesù Grazia dei martiri. Gesù Ricompensa dei martiri. Gesù Festa dei martiri. Gesù Vita dei martiri. Gesù Vita eterna dei martiri. Gesù Amore dei martiri. Gesù Spirito dei martiri. Gesù Carità dei martiri. Gesù Re dei martiri. Gesù Speranza dei martiri. Gesù Roccia dei martiri. Gesù Onore dei martiri. Gesù Rifugio dei martiri. Gesù Riparo dei martiri. Gesù Roccaforte dei martiri. Gesù Perseveranza dei martiri. Gesù Pazienza dei martiri. Gesù Re dei martiri». Si tratta della litania di uno dei monaci trappisti uccisi in Algeria e riportata in M. Susini, *I martiri di Tibhirine*, EDB, Bologna 2005, pp. 8-9.

[98] Cfr. C. Pèguy, *Il portico del mistero della seconda virtù*, Jaca Book, Milano 1978, pp. 17-18.

to in grembo. Anche sposa io ti sono, poiché tu sei casto. Ancella e figlia dell'acqua e del sangue, poiché tu mi hai comperata, battezzata[99].

In questo colloquio divino palpita il segreto dell'umiltà e della *martyria*. Se non sono assieme come in questa preghiera, non sono in nessun battezzato, testimone di Gesù Risorto.

[99] E. GIANNARELLI, *Maria exemplum mulieris nell'epoca patristica*, in op. cit., p. 218.

IV

Discepole del Crocifisso[100]

Carissime nel Signore,

uniamoci alla lode della Chiesa per dire grazie dal profondo del cuore a Colui che ci ha chiamati, ci accompagna e guida il nostro cammino al possesso dell'eredità eterna.

Propongo alcune considerazioni, frutto della mia meditazione di questa mattina. Come è stato comunicato poc'anzi, l'Arcivescovo di Salerno è impossibilitato a presiedere la celebrazione eucaristica.

Il Vangelo odierno (Mt 16,21-27) fissa lo sguardo sui discepoli di Gesù, il quale annuncia apertamente la sua passione, morte e risurrezione. Essi avevano lasciato tutto per seguirlo, ponendo le loro speranze nel giovane maestro che attirava le folle e compiva guarigioni e miracoli. Potevano, perciò, confidare in un avvenire promettente e sicuro. Ma improvvisamente tutto sembra deludente. Gesù inquieta con i suoi discorsi, soprattutto perché egli parla di se stesso in cammino verso Gerusalemme, luogo di consegna per la crocifissione.

In realtà, un Messia crocifisso non è pensabile dai discepoli e tanto meno da Pietro, scandalizzato da quanto Gesù afferma. Povero Pietro. È una persona che si è appassionata

[100] Omelia tenuta all'Incontro nazionale dell'*Ordo virginum* delle Diocesi che sono in Italia, Napoli, 28 agosto 2005.

del Signore, ma non ha ancora compreso il suo destino, si costruisce un criterio, una sua immagine del Signore, fermandosi alle idee. Eppure Pietro è la persona chiamata lungo la riva del mare, dove ha lasciato le sue barche e reti... ha constatato la moltiplicazione dei pani... ai piedi di Gesù ha detto di essere peccatore... si è buttato dalla barca per andargli incontro sul lago... Quante contraddizioni in Pietro!... Ti seguirò sino alla morte... ma poi rinnegherà tre volte il Signore. Scappa dal Getsemani con la reazione della spada... Riconosce in Gesù il Cristo quando molti volevano andarsene. La roccia, il futuro custode delle chiavi del Regno dei cieli soccombe. Pietro è un «satana», un avversario, è di scandalo, perché non pensa secondo Dio, ma secondo gli uomini. La fede di Pietro si scontra con Colui che sarà crocifisso, ma anche con la scelta di aderire al Signore, prendendo la croce. Immagino che, come Pietro, anche noi seguiamo Gesù, abbiamo aspettative, perché l'abbiamo seguito. Andare dietro a Lui, mettere i nostri piedi nelle sue orme… e Gesù si presenta come una persona brillante, come Colui che affascina, realizza grandi cose, va in giro, ci porta con Lui, per questo avvengono meraviglie nel cuore delle persone… Pietro notava questi grandi miracoli. Pensava che questo Gesù fosse il Messia… Le cose, però, come potrebbero cambiare per lui anche per noi, dopo momenti di esaltazione, potremmo dire di affidamento profondo, ma anche di riconoscimento di Gesù nei nostri riguardi, perché sentiamo nel cuore che Egli è contento di noi. Il Vangelo di domenica scorsa era un testo di riconoscimento di quanto Pietro fosse benedetto dal Padre: Tu sei il Cristo…

All'improvviso Gesù comincia a parlare in maniera diversa da come ce lo siamo immaginato, comincia a dire: la mia vita non è come volete che sia, la mia vita non è mia, ma del Padre. Io sono il Figlio di Dio che sarà crocifisso e donerà la vita per la salvezza del mondo.

Immaginate quando sembra che nella nostra vita Gesù venga meno, dopo che abbiamo puntato tutto su di Lui, che ci siamo accorti che valeva la pena essere Suoi. Ci sono i tempi del deserto, c'è il vuoto del cuore, c'è la paura del domani, c'è la solitudine dei sentimenti, c'è lo svuotamento del pensare… E allora: Signore, ma Tu ci sei nella mia vita? Ma Tu sei ancora il Dio che ho conosciuto o meglio che ho voluto conoscere? E allora gli diciamo, come Pietro, alle spalle, perché abbiamo paura di guardarlo in faccia come nel giorno della nostra chiamata. Si, perché Pietro, quando è stato chiamato, è stato fissato nello sguardo ed è stato felice, perché si è sentito compreso.

Ma Tu parli di croce, non Ti posso guardare in faccia, e allora Pietro lo tocca alle spalle. E anche noi, forse, non ci misuriamo più con il contatto personale con Lui, preferiamo circuirlo, andare alle spalle per non vedere qual è il Suo volto su di noi, e che cosa esprime, quando parla del dolore, della Sua passione nei nostri riguardi.

Che cosa esprime guardandoci? Pietro lo tocca alle spalle, ma Gesù si volta indietro, cioè è sempre Lui a voltarsi verso di noi. E anche quando noi evitiamo il Suo sguardo è Lui che si fa presente, è Lui che ci illumina e ci attira a Sé, anche girandosi fisicamente verso di noi.

E allora la croce… In fondo, seguire Gesù significa vivere da crocifissi, perché Cristo è il Crocifisso Risorto, ma innanzitutto il Crocifisso. E quando rifiutiamo Gesù crocifisso noi siamo dalla parte del male, siamo con satana. Si, perché anche la Chiesa, anche i consacrati, anche noi che abbiamo detto si a Gesù, possiamo essere con satana. Forse non ce ne accorgeremo mai, perché l'astuzia del maligno è più forte della nostra capacità di intendere e di volere in certi momenti. E allora seguiamo satana, pur dicendo di essere alla sequela di Gesù. Dio ce ne scampi. Signore non permettere che nella mia vita ci sia questa prova, che nel mio cuore ci sia questa sofferenza, che nelle mie mani ci sia il sangue, che nei miei occhi ci siano le lacrime, perché Tu mi hai detto tutt'altro, o meglio, io immaginavo che fosse diverso il contatto con Te. Scegliere Te, vivere con Te, lasciarmi guidare da Te. Allontanati da me, satana, tu mi sei di scandalo.

Se qualcuno vuole venire dietro a me... Gesù ci dice: Se tu vuoi. Sei tu che hai voluto seguirmi, io non ti ho imposto nulla. E allora la libertà dell'animo, la libertà del cuore. Chi vuol venire, se tu vuoi.

È nella libertà la verità della croce, perché una croce imposta non è mai la croce di Gesù. Infatti, Gesù dice: *Chi vuole prenda la sua croce e mi segua*. Cioè, la croce non va subita, va presa; la croce non schiaccia, perché, se c'è un atto d'amore, la croce libera. La croce dice la verità su di noi e sul mondo. Chi prende la Sua croce, sa che la parola croce è la parola amore. Chi vuole essere con me deve essere amore mio, deve essere amante mio, deve essere innamorato della vita del mondo. Chi prende la sua croce... è mio discepolo.

Prenderla significa portarla, ma con gioia, perché l'abbiamo scelto, perché il Signore è veramente tutto ciò che abbiamo scelto con la Sua grazia.

Se qualcuno vuole venire dietro a me, prenda la croce con amore. Ma l'amore non può essere unito all'egoismo, perché ogni atto d'amore significa trascurare me stesso, dire no a me per dire si al Signore. Quando nel cammino quotidiano le scelte diventano un compromesso, perché dico un mezzo si a Dio per seguire me stesso, allora la croce è fare non ciò che io voglio, ma ciò che vuole Lui. Non quando io voglio, ma quello che e quando vuole Lui, non adesso, perché penso che la volontà di Dio è circoscritta in questo momento, ma mi dilato nel tempo, perché il Signore mi sta conducendo e perché è Lui che conosce il bene mio e dell'umanità e per realizzare il progetto che ha sulla mia chiamata e sulle mie risposte quotidiane.

E allora cerchiamo di tornare a Gesù guardandolo come Crocifisso.

Ci sono due parole su cui mi sono soffermato: *seduzione* e *trasformazione*.

La croce seduce, ma *seduzione* non come sensibilità o emozione di un momento, seduzione non come stordimento umano. La seduzione nel cuore di Dio è la più grande avventura di lucidità e di coraggio. Essere sedotti dal Signore vuol dire lucidamente, volontariamente, direi con tutta la consapevolezza del mio cuore e della mia mente, sapere che il Signore mi ha avvolto con la tenerezza del Suo amore.

È vero il Signore – continuerà Ger in 20,7-9ss – non ci fa capire; forse la prima croce è sapere che il Signore non ci fa capire e che ci aspetta proprio a quei bivi quotidiani, dove non sappiamo che cosa fare, non sappiamo dove andare. E allora il Signore, è lo stesso Geremia che lo dice, è come un torrente dalle acque incostanti, dove a volte sembriamo affogare, ma alla fine il Signore che ci sballotta di qua e di là, ci incanala nel letto del fiume in cui portiamo dentro i detriti della nostra umanità, ma per arrivare alla sorgente, al grande oceano della passione e dell'amore del Signore.

Lasciamoci sedurre, cioè, prendere, con la lucidità della nostra mente, con la chiarezza dei nostri sentimenti. È la croce che ci fa passare da una fede emotiva a una fede adulta. Si, perché aver risposto alla chiamata di Dio non è tutto, è solo essersi messi in un'avventura che contrasterà sempre la nostra umanità, perché ci sarà sempre qualcosa che non ci piace di quello che il Signore ci indica. Perciò, è il futuro e non il presente, è la luce e non le tenebre, è la fonte e non l'acqua stagnante nelle nostre vene e nelle nostre situazioni. Allora, dobbiamo scuoterci un po'; non siamo più radicali, non siamo più decisi, non siamo più chiari nelle esigenze della chiamata.

L'altra parola è la *trasformazione*, lasciarsi trasformare, perché abbiamo bisogno non di adeguarci, ma di trasformarci, non di adattarci, ma di rinnovarci. Rinunciare a se stessi, perdere la propria vita, è molto più che lasciare dei propri beni e perdere se stessi solo apparentemente. La sapienza del cristiano è quella di vivere da cireneo, con la speranza pasquale nello sguardo e nei gesti. E questo chiedo soprattutto nella Santa Eucaristia, e sull'altare vogliamo fra poco contemplare Gesù Eucaristia e come Gesù lasciarci trasformare dal e nel Suo santo amore. Amen.

V

La porta che conduce alla vita[101]

Carissime nel Signore,

sforzatevi di entrare per la porta stretta, che conduce alla vita: è la parola di Gesù, Agnello immolato, nostro Sposo immacolato, in cammino verso Gerusalemme. Egli segue la via stretta, il selciato pungente, la strada in salita che chiede sforzo, lotta, quel combattimento che oscilla tra il si al Padre e il si a se stessi; tra fascino terreno e tensione escatologica.

La nostra speciale consacrazione richiede sforzo, impegno, vigilanza... lacrime e sangue. Allontanare, perciò, le prove e il dolore è una subdola tentazione per la vita di fede. Combattiamo la bella «battaglia» sino alla fine, al dono del sangue, perché, rivestiti di Cristo nel Battesimo, prendiamo l'armatura spirituale della preghiera quotidiana, della pazienza, della sobrietà, della temperanza, del dominio di sé. Così lottiamo contro il maligno e non contro gli altri.

Sforzatevi di entrare per la porta stretta che dona ed è salvezza. Gesù lo indica nel Vangelo secondo Giovanni: *Io sono la porta; e chi sale da un'altra parte è un ladro e un brigante*. L'unica scalata che ci è concessa non è quella di apparire, di essere considerati, di avere potere, di fare carriera... l'unica scalata è quella della Croce. È la scalata di Co-

[101] Incontro nazionale dell'*Ordo virginum* delle Diocesi che sono in Italia. Celebrazione delle Lodi, Collevalenza, 26 agosto 2007.

lui che in prima persona l'ha sperimentata e lo chiede alla Sua Sposa e nel volto, nel cuore di questa meravigliosa Donna, lo cerca in ciascuno di noi.

Entrate per la porta stretta... Dietro questa porta c'è il padrone che apre: Gesù, Agnello immolato, Sposo immacolato, che ci accoglie nell'intimità del Suo cuore oppure dichiarerà di non conoscerci. Troppo facilmente, infatti, ci sentiamo garantiti quanto alla salvezza dalla nostra appartenenza ecclesiale, dalla nostra consacrazione verginale. Eppure potremmo essere considerati sconosciuti e non ammessi al talamo del banchetto eterno.

Sforziamoci di entrare per la porta stretta, costringendoci a vivere come l'Agnello. I violenti rapiscono il Regno dei cieli (cfr. Mt 11,12), per cui ciò che ora si compie a fatica nella vita, il Signore lo sosterrà, realizzando ogni suo comandamento.

Costringiamoci al bene, anche se il cuore non lo desidera, attendendo i frutti dell'incontro con lo Sposo, che semina pace e amore, mitezza e misericordia.

Siate disponibili al disprezzo di voi stesse, perché larga è la via che conduce alla perdizione. Quando siete calunniate e oltraggiate, offese e umiliate, unite all'Agnello portato al macello, non rispondete con oltraggio e non fatevi giustizia da voi stesse (Rm 12,19).

Costringetevi alla preghiera di lode, date gloria... e tutto sarà bello, giusto e santo.

Amore, potenza e forza al nostro Dio nei secoli dei secoli. Amen.

VI

La Vergine consacrata nella città e nella chiesa[102]

Domande rivolte a Sua ecc.za mons. Vincenzo Pelvi

Ci parli della sua esperienza di accompagnamento del cammino delle vergini consacrate. Quali opportunità e quali difficoltà ha riscontrato nell'aiutarle a vivere armonicamente il radicamento ecclesiale e le sfide della cittadinanza?

Ringrazio il Signore che mi ha dato la gioia di poter accogliere la potenza dello Spirito operante nella quotidianità della Chiesa di Napoli, da cui provengo, e che mi ha generato alla fede, fatto crescere nella volontà di Dio come sacerdote e come vescovo, aperto al carisma della verginità consacrata. Allo Spirito sale la lode riconoscente per la scoperta di una forma di consacrazione, risalente ai primi secoli, che racconta la particolare esperienza d'amore con cui una donna è attratta e si consegna a Cristo quale suo sposo. La Chiesa si manifesta, così, ancora una volta nella sua bellezza profetica attraverso voi, carissime nel Signore, che, nel respiro della sponsalità ecclesiale, donate ai Pastori la certezza dell'assistenza dello Spirito in ogni Chiesa locale.

La mia esperienza di accompagnamento, allora, è radicata in una convinzione tutta soprannaturale: il Vescovo viene «educato» e sostenuto nella santità dal suo popolo, partico-

[102] Incontro nazionale dell'*Ordo virginum* delle Diocesi che sono in Italia. Tavola rotonda, Collevalenza, 26 agosto 2007.

larmente dalla vergine consacrata. Ho avuto modo di confermare questa dimensione con la partecipazione agli annuali Incontri nazionali dell'*Ordo virginum* e lo studio degli Atti successivamente pubblicati, dai quali ho percepito come la Chiesa maestra e madre possa essere regola di vita, sorgente di gioia, entusiasmo di sequela per i consacrati.

Nel carisma della verginità si respira la maternità della Chiesa, che struttura l'anima di una consacrata, nutrendola con la sua spiritualità, dentro cui palpita il cuore del Pastore. Mi chiedete le opportunità e le difficoltà che ho riscontrato nell'aiutare le giovani della Diocesi di Napoli a vivere il radicamento ecclesiale e le sfide della cittadinanza. Vi dico subito che il nostro è un tempo bello per essere vergine consacrata, come per essere prete e vescovo. Non distinguerei tra opportunità e difficoltà, perché esse si intrecciano come la notte e il giorno e ogni opportunità comporta qualche difficoltà come ogni difficoltà può trasformarsi in provvidenziale opportunità.

In breve, che cosa avverto? Che lo Spirito manifesta una potenza santificatrice attraverso la forma della vostra vita consacrata. Ma noto paure e indifferenza, qualche disattenzione e omissione verso ciò che lo Spirito dice alla Chiesa. Il carisma dell'*Ordo* è poco conosciuto e rischia di essere «catturato» da tentativi di configurazione giuridica e funzionale. Questa vocazione singolare è un dono da conoscere e ravvivare con profonda responsabilità e con quella consapevolezza di una chiamata che è volontà di Dio e servizio alla costruzione del Regno.

Forse alcune difficoltà nascono anche da una misura mediocre con cui si accoglie la verginità consacrata. Domando, se, come vergini consacrate, siete consapevoli di questo dono bellissimo; se siete vergini per il Vergine mandato dal Padre; se la vostra donazione è per prendere e pretendere oppure per immolarvi e offrirvi. Nella Chiesa, noi Pastori non vi chiederemo «a che cosa servite», né staremo ad osservare «se siete utili», ma vi aiuteremo ad annunciare con franchezza un carisma che si manifesta nel ministero della verginità profetica di cui hanno bisogno la Chiesa e il mondo. La difficoltà più grande che incontro accostando sacerdoti è la richiesta di impegnarvi nell'agire, dimenticando che il vostro essere incarna l'amore sponsale, totale ed esclusivo, di Cristo, Sposo, per la sua Chiesa.

Un altro aspetto su cui riflettere è la mancanza di percorsi formativi non sempre rispondenti all'esigenza peculiare della vostra vocazione, con punte di evidente soggettivismo. Certo, perché la consacrata dell'*Ordo* sappia accogliere le sfide della cittadinanza, è necessario che la formazione sia richiamo di fedeltà al battesimo quale fondamento di una vita autenticamente cristiana nel mondo.

Il carisma verginale «sparso» in una comunità diocesana diventa luce e sale di dedizione, pazienza, speranza così che ci sia un contagio di bene per testimoniare quei valori evangelici non negoziabili. Abbiate, perciò, cura e maturate in quella fede ricevuta nel Battesimo, che aiuta a non aver paura dinanzi alle prove della storia. La paura è il contrario della fiducia in Dio, è la fuga dalla grazia del carisma, è la trappola di bastare a se stessi, chiudendosi alle sante novità di Dio. La Chiesa è bella nella vergine, che conosce la lotta e la fatica e trasfigura la sua umanità nella carne gloriosa del Signore risorto.

Tenendo conto di quanto emerso finora, sarebbe interessante raccogliere da ciascuno di voi una proposta, un'indicazione, una domanda, in merito ai nostri cammini formativi. Come vergini consacrate, che cosa ci potrebbe aiutare a essere per i nostri con-cittadini testimoni più trasparenti e credibili della speranza cristiana?

Rispondere alla vocazione nell'*Ordo* non è adoperarsi in determinate attività e ruoli per sentirsi «a posto» o magari «eccezionali», ma è *sentire cum Ecclesia*, allenare il cuore a percepire il bene della Chiesa tutta come il proprio bene. L'*Ordo virginum* è una realtà giovane nella riflessione e nella prassi e necessita di formazione. Attualmente l'aspetto più considerato è la formazione in vista della consacrazione, ma, sul lungo periodo, la formazione permanente deve trovare propri spazi e consistenza, per essere in grado di sostenere un cammino di maturazione personale e vocazionale, che non può mai ritenersi definitivo. Nella progettazione di un percorso formativo vi sono alcuni aspetti sui quali è utile soffermarsi, come quelli da progettare in riferimento al cammino personale, sia mediante il padre spirituale, sia attraverso il Vescovo o il suo delegato.

Si apre, a questo punto, una riflessione sulle potenzialità e sulle difficoltà legate alla capacità di condividere, maturare nelle relazioni, vivere con gioia la diversità e il rapporto tra generazioni: aspetto formativo interessante per osservare il cammino di crescita personale e dell'*Ordo*.

L'*Ordo virginum* non è una struttura che, consolidandosi nel tempo, crea «rotaie» sulle quali le nuove vergini consacrate trovano un percorso già pronto. La persona che si coinvolge in questa forma di consacrazione è chiamata a dare un suo peculiare apporto all'*Ordo* intero con specifiche sensibilità e ricchezze interiori.

Ecco perché è indispensabile che al percorso personale si accompagnino un itinerario formativo comune e una consapevolezza di essere «*Ordo*» per l'arricchimento delle reciproche diversità, coltivando relazioni interpersonali sincere e costruttive. Progettare la formazione significa cercare con saggezza la modalità con cui prendersi cura di questa realtà ricca e preziosa, in grado di nutrirsi e custodire l'essenziale nella Chiesa: essere «sposa», profezia della vita eterna, riferendosi a Cristo che manda a testimoniare il Vangelo del suo amore. Impariamo da consacrate a prenderci per mano, perché la via della formazione dia significato profondo e continuo alla vera sequela di Cristo.

A riguardo, mi piace richiamare un progetto emerso dalla lettura e dalla condivisione nella fede di quanto esistente sul piano formativo in varie Chiese italiane. All'indomani dell'Incontro nazionale di Napoli 2005, alcune consacrate hanno avvertito l'esigenza di ascoltarsi e confrontarsi su contenuti progettati in diverse Diocesi. Dall'esperienza, nascosta e feconda, è emersa una proposta formativa, dove trova ampio respiro la possibilità concreta di capire, usando le dimensioni della Chiesa (Parola, liturgia, servizio, sequela), la volontà di Dio sulla propria vita. Perché non recepire il frutto di tale lavoro, che ha la radice nel vostro cuore di consacrate?

Mi chiedete anche che cosa potrebbe aiutare le consacrate ad essere nella città degli uomini testimoni credibili di speranza cristiana? Il nostro tempo ha una grande nostalgia di speranza, anche per i rischi insiti nelle rapide trasformazioni culturali; in particolare per la deriva individualistica, la negazione della capacità di verità da parte della ragione, per l'offuscamento del senso morale. Chiamate, perciò, a collaborare con gli uomini e le donne di oggi nella ricerca e nella costruzione di una civiltà più umana e di un futuro buono, voi consacrate dedicatevi a seminare frammenti positivi di vita, custodendo, però, la tensione verso la speranza escatologica.

Impegnate a continuare il racconto della speranza evangelica, scrivete nelle vostre Chiese, una per una, le opere della fede, una storia del Risorto, formata dall'esperienza dello Spirito, attraversata dalla promessa: «Ecco, io sono con voi tutti i giorni, fino alla fine del mondo» (Mt 28,20).

Andiamo avanti con speranza! Un nuovo millennio si è aperto come oceano vasto in cui avventurarsi, contando sull'aiuto di Cristo. Dobbiamo avere occhi penetranti e, soprattutto, un cuore grande per diventare strumenti di Cristo, Sposo nella città degli uomini. Non dimentichiamo che la città spesso può anche «tentare» la Chiesa, inducendola a compromettersi con i poteri del mondo e con il fascino della ricchezza. Ma da questo la Chiesa sa che deve guardarsi continuamente, che non deve lasciarsi vincere e avvincere. Ecco un motivo che spinge a testimoniare, con coraggio e fedeltà, l'amore di Dio alla città, perché la città stessa sia purificata e viva libera dalle tentazioni del potere, dell'avidità, dell'ambizione. La verginità consacrata, che è manifestazione di libertà e carità, aiuta ad «amare» infaticabilmente la città, amarla nel modo giusto, amarla perché in essa abitano i figli di Dio, i fratelli in Cristo: i credenti e i non credenti, i cristiani e i seguaci delle altre religioni. E il modo tipico per «amare» la città è l'annuncio e la testimonianza del Vangelo, secondo il mandato missionario di Gesù: «Andate in tutto il mondo e predicate il vangelo ad ogni creatura» (Mc 16,15); «Mi sarete testimoni... fino agli estremi confini della terra» (At 1,8). Dunque «dappertutto». E, quindi, anche nella città! Bisogna che voi siate, in forza del battesimo e della consacrazione verginale, testimoni di speranza cristiana per il vero bene della città. In che modo? Potete esserlo, annunciando un Vangelo che è lieta notizia sul mistero di Dio e su quello dell'uomo e, dunque, sulla società nel suo insieme. Il Vangelo – questa è la sfida che ci attende! – deve essere annunciato davvero come «lieta notizia», non come giudizio disperante e disperato sulla «pochezza» del mondo, sulla perdita di senso e dei valori. Come «lieta notizia», che «restituisce» il mondo alla sua originaria e naturale vocazione, che «accompagna» l'uomo, che gli propone un senso e dei valori che danno pienezza alla vita e non tramontano mai.

Possiamo essere testimoni di Gesù, donando alla città un Vangelo che non minaccia né sgretola la laicità, ma la difende e la promuove, perché le dà il suo «giusto posto». Come vergini, sapete bene che niente e nessuno è geloso come Dio della natura e della finalità del mondo, delle cose che Dio stesso ha creato (cfr. Gc 4,5-8). Possiamo, allora, essere testimoni di Gesù nella città e per la città con un amore traboccante, senza misura, che alimenta la speranza e che, insieme, è colmo di speranza; una speranza che «apre» alla nostra libertà e che rende agevole e lieto l'esercizio della responsabilità. Così la nostra responsabilità sarà manifestamente la risposta a una chiamata, che per la consacrata non può che essere la risposta all'invito del Signore: «Vieni e seguimi!» (Mt 19,21).

In questo percorso ci viene incontro il mistero dell'altare che custodisce quella verginità di mente, di cuore e corpo, condizioni per una vita verginale in se stessa sempre.

VII

La verginità è del Cristo[103]

Carissime nel Signore,

ripercorriamo la storia della nostra amicizia con Gesù, dal giorno della consacrazione verginale. Da allora avete seguito il Signore, inizialmente un poco impaurite e, volgendovi indietro, vi siete chieste se quella fosse veramente la vostra strada. Avete percepito un senso di paura e smarrimento, avvertendo la sproporzione tra l'amore divino dello Sposo e la vostra fragilità umana. Nella sua bontà, però, il Signore vi ha preso per mano, perché non affogaste nel mare dello spavento, e vi ha detto di non temere. Non vi lascio, ma voi non lasciate Me. La consacrazione verginale fu la risposta pronta e generosa, che vi spinse ad abbandonare la logica rassicurante dell'avere per mettervi sui passi del Vergine, senza calcolare più nulla.

Oggi, nel Vangelo (Mc 9,30-37), a ciascuna viene rivolta la domanda: «Di cosa stavate discutendo lungo la via?» (9,33). Quali pensieri avvolgono il vostro cuore? Quali sentimenti, desideri e speranze riempiono il percorso della vostra vita consacrata?

Giacomo, nella prima lettura, legge nell'animo, dichiarando: «Bramate e non riuscite a possedere e uccidete; invidia-

[103] Omelia a conclusione del Congresso-Pellegrinaggio internazionale dell'*Ordo virginum*, Roma, Basilica di San Paolo fuori le Mura, 20 maggio 2008.

te e non riuscite ad ottenere, combattete e fate guerra! Chiedete e non ottenete perché chiedete male, per spendere per i vostri piaceri. Gente infedele! Non sapete che amare il mondo è odiare Dio?» (Gc 2,2-4). Che cosa impegna la vostra mente, che cosa occupa il vostro animo, vergini di Cristo?

Ed essi tacevano, dice il Vangelo. Mentre il Figlio dell'uomo sta per essere ucciso, mentre lo Sposo parla del talamo nuziale della Croce, come i discepoli, anche noi potremmo ragionare su chi sia il più grande: «Per la via, infatti avevano discusso tra loro chi fosse il più grande» (Mc 9,34).

Chi è il più grande? Una domanda per esprimere il bisogno di competizione o sopraffazione, che potrebbe nascere come istinto di potere, ambizione e carriera ogni qual volta ci si incontra nel gruppo, in famiglia, al lavoro, nella comunità. E Gesù: «Se uno vuol essere il primo, sia l'ultimo di tutti e il servo di tutti» (Mc 9,35). Ecco il segreto della verginità: servire la Verità dell'amore.

«Sino alla gelosia ci ama lo Spirito che lo Sposo ha fatto abitare in noi. Ci dà anzi una grazia più grande... sottomettetevi dunque a Dio; resistete al diavolo, ed egli fuggirà da voi. Avvicinatevi a Dio ed egli si avvicinerà a voi» (Gc 4,5-8).

Saliamo il monte del Signore con mani innocenti e cuore puro, conservando un'esistenza illuminata dallo splendore della verità che vince il menzognero. Così dando tutte la mano allo Sposo, stringeremo l'una la mano all'altra, nell'abbraccio della madre Chiesa.

Care figlie, per chi siete vergini, se non per il Vergine mandato dal Padre, se non per passare dall'amore, che prende e pretende all'amore che dona? È l'essenziale della verginità consacrata, presentata – vorrei dire – con l'immagine evangelica del bambino indifeso, preso da Gesù dal cerchio degli adulti e posto in mezzo ai Dodici (cfr. Mc 9,36).

Il bambino vive di chi lo ama, anzi se è amato; il bambino non è paralizzato dai calcoli dei grandi, ma è tranquillo e sereno con l'animo svezzato (cfr. *Sal* 131,2); il bambino piange, se la madre è lontana. Si tratta di un grido di sofferenza per la lontananza ma fiducia per il soccorso che verrà. Gesù abbraccia il bambino di fronte agli apostoli, quasi a dire che la verginità consacrata è nel cuore della Chiesa apostolica. Essa va accolta tra i suoi beni più preziosi, come segno del mistero della sua tenerezza sponsale, affidato ai Pastori che vibrano per le anime consacrate di affetto paterno e le seguono con vigilanza mirabile, preoccupandosi di innestarle fortemente nella radice che può sostenerle e custodirle: la santa madre Chiesa.

Come il bambino, la verginità consacrata attraversa anche il tempo del pianto, quando sembra che la madre Chiesa sia disattenta o distante; ma il pianto della vergine consacrata è di richiamo e aiuto. Simile è stata l'esperienza di Caterina da Siena: «Oimè, non più tacere. Gridate con cento migliaia di lingue. Veggo che, per tacere, il mondo è guasto; la Sposa di Cristo è impallidita, gli è tolto il colore, perché gli è succhiato il sangue da dosso, cioè il sangue di Cristo» (*Lettera* 16).

Piangere davanti a Dio, quando la miseria incontra la Misericordia, lacrime salutari per custodire la fedeltà, quando il maligno tenta di rubarla. La vergine è dono di Dio, sacerdozio di castità, ostia per il cui sacrificio quotidiano viene riparato il peccato del mondo. Essa è chiamata ad essere santa nel corpo e nello spirito, liturgia perenne mai interrotta dalla transitorietà di questo mondo. La storia di una vergine consacrata è un mistero di amore tumultuoso e dolorante, ma fedele e fecondo; storia di umiltà e di silenzio, vita già eterna, gioia anticipata di una attesa che è già presenza.

Non abbiate paura; la paura è il contrario della fiducia in Dio, è la fuga dalla volontà Sua; è la trappola di bastare a se stessi, chiudendosi alle sante novità del Signore. «Nella verginità prendi la tua croce e segui chi ti ha purificato, Gesù Cristo, il tuo Signore. Porta a compimento il cammino della lotta in modo retto e sicuro, senza temere, ma sperando fiducioso il ritorno del Signore, per conseguire il premio della tua alta vocazione in Cristo Gesù» (PSEUDO CLEMENTE, *Lettera ai vergini*, 5). E così la Chiesa diventa bella nella vergine, che conosce bene la lotta, la fatica, la pena, il morire, che trasforma la sua carne in offerta viva, ma sanguinante, allo Sposo.

È donna libera la vergine, perché non è prigioniera delle lusinghe del mondo; generosa, vola alto sopra i vizi per superare le fragilità; è coraggiosa, perché confida nella presenza del Signore; angelica, perché fortificata dalla schiera degli angeli; vive una consuetudine anticipata di immortalità, già partecipe della carne glorificata del Risorto.

Voi, carissime consacrate, siete nelle mani della madre Chiesa. Ripetetevi e ripetiamoci questa certezza. Come passeri, abbiamo il nido in queste mani. Come fanciulli, ci aggrappiamo fortemente a quelle mani che non ci lasceranno cadere. Come crocifissi, ripetiamo: nelle tue mani la mia vita. Non sta forse anche qui il motivo del Rito dell'*Ordo Virginum*: cercare, cioè, lo Sposo e riconoscerne il sussulto nel cuore della Chiesa, sua Sposa? Riconoscere la Chiesa come il vostro talamo nuziale, il grembo che vi ha generato e continua a generarvi nella fede, la teca dove si custodisce la memoria della vostra consacrazione perenne.

Nella Chiesa non vi chiederemo «a che cosa servite», né staremo a osservare «se siete utili», ma annunceremo con franchezza il vostro carisma, che si manifesta nel ministero della verginità profetica, di cui hanno bisogno la Chiesa e il mondo. Un dono dello Spirito, da risvegliare nella Chiesa, senza privilegiare la dimensione dell'agire sull'essere.

Dal Vergine riceviamo il dono della grazia intatta della verginità, da Dio la forza di rispondervi in amorosa fedeltà. Il Vergine e la vergine sono due in una sola carne, per opera dello Spirito che, unendo al corpo glorioso del Cristo l'anima consacrata, la riempie di una prescrizione interiore non per un periodo, ma per sempre, quasi a dire che la patria della verginità è il cielo e la vergine è straniera sulla terra (cfr. Ap 2,21,2-3).

La verginità è Cristo che vive in voi e trasfigura la vostra carne rendendola immacolata, gloriosa, risorta. Tutto è comune in voi con Lui; donategli voi stesse nel desiderio di conoscerlo, per seminare nell'esperienza cristiana quotidiana i germi della gloria futura.

L'Eucaristia che celebriamo ci fa toccare con mano l'amore del Vergine, rendendolo bruciante e rigenerante, per cui «dire tu» è «intendere Te». Cristo vi dona come a figlie della sua camera nuziale il godimento del suo corpo e del suo sangue (cfr. Cirillo di Gerusalemme, *Commento alla Lettera agli Efesini*, 5,29).

Te, ora, supplico Padre, perché in questo tuo tempio, sopra queste tue figlie, pietre spirituali, sopra quest'altare guardi a quell'Ostia salutare, per la quale è tolto il peccato di questo mondo. Guarda anche a queste vittime della santa verginità e proteggile di aiuto continuo: affinché siano per te vittime gradite in odore di soavità, piacenti a Cristo Signore; e degnati di conservare integro il loro spirito, irreprensibili l'anima e il corpo fino al giorno del Signore nostro Gesù Cristo (cfr. S. Ambrogio, *Esortazione alla verginità,* 94). Te lo chiediamo per quel «sì» della Vergine Santa, origine e luogo permanente di ogni stato verginale di vita. Amen.

VIII

L'eucaristia per una fragilità riconciliata e un'affettività matura. Aspetti teologici-spirituali[104]

Il nostro Incontro vuole approfondire, ancora una volta, l'identità della consacrata dell'*Ordo*, a partire da una maggiore consapevolezza della vocazione battesimale che superi la duplice illusione di dare risposte semplificanti o di perdersi in analisi interminabili.

Leggiamo la vostra speciale forma di consacrazione innestata nella storia del nostro tempo, senza alcuna maschera o interesse di parte, ma nella luce della fede, che esige quella sapienza cristiana sugli ambiti della vita personale e sociale dentro cui respiriamo e di cui ci ossigeniamo.

A Collevalenza, in sintonia con le indicazioni dei Vescovi, alla luce del IV Convegno ecclesiale della Chiesa italiana[105], ci siamo soffermati sul modo in cui testimoniare Gesù Risorto, speranza del mondo, negli ambiti della cittadinanza, della tradizione, del lavoro e della festa. Quest'anno desideriamo confrontarci, a partire dall'Incarnazione, prolungata nell'esperienza eucaristica, per dire il «sì» di consacrate, al

[104] Relazione tenuta all'Incontro nazionale dell'*Ordo virginum* delle Diocesi che sono in Italia, San Giovanni Rotondo, 24 agosto 2008.

[105] Per una conoscenza corretta e una fruizione ampia dei contenuti del Convegno di Verona, cfr. CEI, *Testimoni di Gesù risorto, speranza del mondo. Atti del 4° Convegno Ecclesiale Nazionale*, EDB, Bologna 2008; CEI, *Rigenerati per una speranza viva (1Pt. 1,3): Testimoni del grande «sì» di Dio all'uomo*; SERVIZIO NAZIONALE PER IL PROGETTO CULTURALE DELLA CEI, *Fare progetto culturale*, San Paolo, Cinisello Balsamo 2008.

«Sì» di Dio, che è Cristo (cfr. 2Cor 1,20), testimoniandolo, con sapere pratico, nell'ambito dell'affettività e fragilità.

Il lavoro di questi giorni contribuirà a dare un volto peculiare alla consacrazione nell'*Ordo*, attraverso una dedizione sempre più generosa alla causa del Regno di Dio[106]. Voi siete parte integrante della sequela di Gesù. Oltre ai Dodici, colonne della Chiesa, infatti, sono scelte nel numero dei discepoli anche molte donne, che a diverso titolo gravitarono attorno alla figura di Gesù con funzioni di responsabilità. In Lc 8,1-3, l'espressione che indica la sequela è «con Lui», che, pur riferita direttamente ai Dodici, può essere intesa anche riguardo alle donne (cfr. Lc 8,38; 9,18; 23,49.55 e 25,26). Tutt'altro che semplici collaboratrici domestiche di Gesù e dei Discepoli, le donne, quelle nominate e quelle non nominate, come i discepoli, hanno lasciato la famiglia, la loro terra, i beni per diventare membri, a pieno diritto, della famiglia di fede inaugurata da Gesù (5,11.28; 14,33; 18,22.28). Il servizio materiale è solo uno degli aspetti, e certamente non il più importante, della loro missione[107]. Accanto a Gesù e ai discepoli, pregano, danno testimonianza accogliendo i bisognosi, imparando ad evangelizzare dall'unico Maestro[108].

[106] Cfr. Giovanni Paolo II, *Vita consecrata*, cit., n. 58. Al Sinodo sulla vita consacrata, le donne presenti hanno posto l'accento non tanto sui ruoli da giocare nella Chiesa, quanto sul valore testimoniante della vita consacrata femminile: l'amore per Cristo con cuore indiviso e la testimonianza della sua misericordia e tenerezza per tutti, con una predilezione per i più poveri e deboli.

[107] A riguardo si può rileggere la *Mulieris dignitatem*, che ha aperto nuovi orizzonti al dibattito teologico e antropologico sulla condizione femminile nella Chiesa e nella società. Della Lettera apostolica di Giovanni Paolo II è stato celebrato il ventennale dalla pubblicazione il 15 agosto 2008.

[108] Cfr. N. Calduch-Benages, *Il profumo del Vangelo. Gesù incontra le donne*, Paoline, Milano 2007, pp. 67-80.

1. Dall'io al noi: tra affettività e fragilità

L'ambito della vita affettiva ha una particolare incidenza, perché riguarda la dimensione più elementare e permanente della persona nell'interiorità e nel suo modo di relazionarsi con l'Altro, con gli altri, con l'universo[109]. L'identità e la complementarietà sessuale, l'educazione dei sentimenti, la maternità / paternità, la famiglia e, più in generale, la dimensione affettiva delle relazioni sociali, le varie forme di rappresentazione pubblica degli affetti hanno un grande bisogno di aprirsi alla ricchezza della relazione, alla costruttività della generazione e al legame tra generazioni[110].

Ciò spinge a coniugare vita affettiva, razionalità e morale, di fronte a una mentalità che spesso enfatizza l'emozione e l'edonismo, emarginando la ragione, la responsabilità etica, la stessa scelta di vita verginale, in cui armonizzare ragione e sentimento, affetto e istanza etica, realizzazione di sé e oblatività.

Assistiamo, infatti, a una tendenza che contrappone affetto e norma, passione (*pathos*) e ragione (*logos*) e a ridurre a pura emotività l'esperienza affettiva, concepita come tutta interna al soggetto, passiva e ingovernabile dalla volontà e dalla ragione.

La persona è fondamentalmente relazione e la vita affettiva è il luogo privilegiato del legame (*re-ligo*) e della responsabilità (*re-fero*) tra gli uomini, dove libertà individuale e vincolo sociale hanno la stessa dignità[111].

[109] Cfr. P. Ciardella / M. Gronchi (a cura di), *I sentimenti*, Paoline, Milano 2006.

[110] Cfr. G. Panteghini, *L'uomo alla luce di Cristo*, Messaggero, Padova 1990. Da questo punto di vista, la consacrata rende visibile la dimensione teologale della vita affettiva fondata sull'amore carità. Fondare la vita affettiva su Cristo significa porre le premesse per una piena umanizzazione e per una splendida testimonianza del nostro battesimo.

[111] Un'autentica vita affettiva non può essere disgiunta da una dimensione etica,

Sradicare l'affettività da una prospettiva di senso e percepirla come pura saturazione di un bisogno ridotta a sentimentalismo, a ciò che si prova, porta a una specie di ipertrofia dell'affetto, a uno sbilanciamento degli aspetti emozionali a discapito dei valori che sostengono la dignità dell'uomo e di tutto l'uomo. La vita affettiva non può che essere, nella sua verità, una relazione eticamente orientata[112].

Certo l'affettività è anche una qualità dell'essere fragile. Chi ama è sempre fragile, tanto che si lamenta lontano dal proprio amore, si sente incapace di stare in questo mondo e invoca l'amato, lo cerca come se cercasse una parte di sé, senza la quale egli è un frammento, incompleto. L'affetto è bellissimo, e solo la fragilità lo coglie: due frammenti si uniscono e due fragilità si danno reciprocamente forza. La fragilità dell'uno diventa pietra angolare per l'altro, appiglio come fosse una roccia, un vetro entro cui ci si rispecchia e si vede la propria debolezza che, proiettata nell'altro, appare energia potente. L'uomo di ferro non sa amare, è freddo, sa avvolgere e legare per sottomettere, per schiavizzare. Analogamente a Narciso, che crede di essere migliore di tutti, ed

da una direzione verso cui tendere, un ethos. Nelle relazioni circola la speranza di bene con la sua forza unitiva di compassione e circola il male con la sua forza disgregante, di sfruttamento dell'altro e di dominio su lui. I legami affettivi, allora, possono essere la sede del benessere della persona, ma anche di grave patologia e di sofferenza psichica. Tra identità individuale e relazione con l'altro esiste un legame indissolubile, da non gestire mediante scambi immediati e bilanci frettolosi.

[112] Anche a livello educativo è evidente un tale sbilanciamento: gli affetti sembrano non bisognosi di educazione (si tende più a *se-ducere*, sedurre che a *ex-ducere*, educare). Si ritiene che l'affettività non sia educabile, a favore di uno spontaneismo che si risolve in un puro soddisfacimento di bisogni immediati. Ne consegue che ai nostri giorni si è attenti a promuovere la crescita intellettuale delle nuove generazioni che, pur evolute dal punto di vista cognitivo, sono affettivamente in uno stadio infantile, in una affettività primordiale e incontrollata, spesso fonte di sofferenza, se non di vera e propria patologia relazionale. La sfida dell'impoverimento degli affetti e del valore della relazione esige un lavoro di accompagnamento educativo della persona nella sua interezza, che richiede una formazione al senso del limite e della propria finitezza per superare quell'illusione di onnipotenza e narcisismo di cui il nostro mondo è malato.

evita per questo di confrontarsi con chiunque, l'uomo di ferro percepisce attorno solo lo sguardo ammirato di chi incontra, non la presenza dell'altro come possibile parte di sé.

Fragilità è ciò che può spezzarsi (frangere), qualcosa che non si caratterizza subito né come problema, né come risorsa, ma più semplicemente come uno stato transitorio o un limite nel creato e nelle creature (ad esempio: marginalità, precarietà, provvisorietà, minorità, criticità, emergenze, ingiustizie...). In ogni stagione della vita l'uomo è fragile[113]; in tutte le generazioni si è fatta esperienza di fragilità, e la fragilità incide in modo e grado differenti sulla concezione che ogni individuo ha della vita e dell'uomo. Sono molte, infatti, le forme in cui la fragilità si esprime: la malattia, il dolore, la disabilità, il disagio, la debolezza, la vulnerabilità, la povertà, l'estraneità e molte altre ancora, che ameremmo non incontrare e non vedere, ma che spesso sono dentro la nostra psiche, nella casa in cui viviamo, o abitano dietro la porta accanto. Direi, allora, che viviamo una fragilità personale e familiare aggravata da un sostegno sociale troppo fragile[114].

Siamo chiamati a guardare in faccia la nostra natura umana, che «deve», «ha bisogno di» porsi dei limiti, per non subire incessantemente una lotta estenuante tra pulsioni contrastanti. Allora, dobbiamo continuamente misurarci con la fragilità, collegandoci a due esperienze fondamentali della vita di una persona: il rapporto con se stessa e quello con gli

[113] Cfr. V. ANDREOLI, *L'uomo di vetro. La forza della fragilità*, Rizzoli, Milano 2008. L'autore dimostra una tesi solo in apparenza paradossale: il fragile è l'uomo per eccellenza, perché considera che laddove la forza impone, respinge e reprime, la fragilità accoglie, incoraggia e comprende. Un tempo si insegnava a nascondere le debolezze, a non far emergere i difetti, oggi occorre non mascherare ma parlare della propria fragilità, convinti che può diventare una forza che aiuta a vivere.

[114] Cfr. L. SANDRIN, *Fragile vita. Lo sguardo della teologia pastorale*, Camilliane, Torino 2005, pp. 130-132. È forte l'esigenza di intervenire sul disagio e sulla sofferenza, rompendo il circolo vizioso tra isolamento e solitudine e lavorando insieme (*con*-laborare) perché si instauri un *circolo virtuoso* nel quale l'amore crea relazioni di riconoscimento, di solidarietà e di sostegno, affettivamente forti.

altri. Essa, infatti, rivela i timori, vissuti da ogni individuo, riguardo al proprio io, che si sente minacciato interiormente a causa della vulnerabilità, del suo essere mortale, incapace di darsi e di trattenere la vita, dagli ostacoli e dalla mancanza d'amore che possono provenire dall'esterno.

Il fragile è immerso nella dinamica affettiva con le sue varie specificazioni e sente la voglia di essere amato per poter amare: due fragilità si uniscono e si fanno forza dentro il mistero dell'amore. Ciascuno deve gridare di essere fragile per dire a tutti che ha bisogno dell'altro, di tutti gli altri; partendo, infatti, dal senso di limite che uno avverte dentro di sé, l'affettività va interpretata correttamente. La fragilità porta ad amare, dunque l'amore è la risposta a un'attesa nata dalla fragilità, e la solitudine dell'uomo di «vetro» è la peggiore delle malattie di vivere.

In realtà, la fragilità quando è avvolta dall'affettività si colora di forza, vive di riconciliazione e dà origine alla bellezza di perdonare, di poter dire: anche io ho sbagliato e sono stato perdonato, permettendo di scoprire la delicatezza di un sorriso invece che uno sguardo di sospetto, così da creare gentilezza e comprensione reciproca, fatica condivisa e rasserenante[115].

2. Un corpo mi hai preparato: dal Tu al noi

Parlare di affettività e fragilità vuol dire chiedersi di quale uomo parliamo. Ci troviamo, spesso, dinanzi a una concezione dell'uomo che tende sempre più a diventare «ciò che si sente», rifiutando ogni difficoltà, propria e altrui. Eppure gli affetti e le vulnerabilità sono un fattore antropologico.

[115] Cfr. V. ANDREOLI, *L'uomo di vetro*, cit., pp. 12-16; 177.

«Qualsiasi misura precauzionale o preventiva la sapienza umana possa mettere in atto per assicurare una integrità umana vigorosa, gli esseri umani sono fondamentalmente indifesi se consideriamo la vita nella sua essenza»[116].

Come i nostri progenitori, siamo tentati di afferrare e trattenere ciò che ci è dato. Eppure la paura del vuoto, della mancanza, dell'umiliazione si ripresentano, nei modi più diversi, favorendo in noi una risposta difensiva e autoprotettiva, fonte di un'illusoria e momentanea rassicurazione, ma incapace di offrirci una sicurezza reale.

a. Cristo verità dell'uomo

Va affermata un'idea di persona con i suoi attributi di dignità e libertà, in cui fisicità e spiritualità, natura e cultura sono ricondotti a unità secondo una prospettiva che supera e trascende ogni deriva spiritualistica e materialistica, ma anche individualistica e collettivistica.

L'uomo dev'essere colto nella sua relazione fondamentale a un Tu trascendente divino, attraente, ma immanente in lui. La rivelazione cristiana esplicita questo legame con l'apertura al Tu di Dio, la cui immagine è impressa nell'uomo. In virtù di questa realtà fondamentale propria e solo dell'uomo, questi può accedere alla conoscenza intima di Dio trascendente e immanente nello stesso tempo. Per questo, la persona, anche se ottenebrata dal male, si realizza pienamente aprendosi al Tu di Dio: a Lui tendendo per vocazione intima, attraverso la mediazione di Cristo Verbo incarnato. In questo senso solo Cristo, uomo perfetto, può spiegare l'uomo in tutta la sua verità, nella sua dimensione più piena[117].

[116] M. Downey, *Debolezza e vulnerabilità*, s.v., in *Nuovo Dizionario di Spiritualità*, LEV, Città del Vaticano 2003, p. 204.

[117] Cfr. Giovanni Paolo II, *Redemptor hominis*, Lettera enciclica (1979), n. 13.

L'umanesimo si colloca nella linea dell'essere e della crescita dell'essere, che è sostanzialmente dimensione della verità e dell'amore. La verità dell'uomo è Cristo stesso: ciò che Lui è ed è stato, l'uomo di sempre è chiamato a divenire qui ed ora. In tal modo Cristo diviene l'anello di congiunzione tra il divino trascendente e l'umano immanente. «L'uomo che vuole comprendere se stesso sino in fondo... deve, con la sua inquietudine ed incertezza, ed anche con la sua debolezza e peccaminosità, con la sua vita e la sua morte avvicinarsi a Cristo. Egli deve, per così dire, entrare in lui con tutto se stesso, deve "appropriarsi" ed assimilare tutta la realtà dell'incarnazione e della redenzione per ritrovare se stesso»[118]. Tale antropologia guarda e considera l'uomo come unità integrale, natura spirituale, cioè con la libertà di scelte, amore al bene, immortalità, conoscenza delle proprie origini e del suo fine ultimo.

Diversamente si impone quell'individualismo che rende la persona problematica, perché fuori dall'orizzonte etico e religioso, ridotta a sentimentalismo ed edonismo. Lontani dall'esperienza di fede, si rischia di vivere in modo formale le relazioni interpersonali, subendo e non accogliendo la responsabilità dei propri compiti. Ogni vita umana, in virtù della dipendenza dal Creatore e per la sua partecipazione all'ordine creato, è soggetta a forze positive e negative, che sono parte dell'esistenza creaturale. L'amore è eros, desiderio, aspirazione, tensione. Ciò che lo caratterizza è di essere «amore dell'uomo», un amore attratto dalla qualità dell'oggetto amato. Dio stesso, nella dinamica di questo amore è oggetto dell'*eros*. Ma l'amore è soprattutto *agape*. L'*agape* è dono, offerta, grazia. È l'irruzione della Trinità nell'uomo, è la nuova creazione operata dallo Spirito. Se l'*eros* è l'a-

[118] *Ibidem*, n. 10.

more dell'uomo, l'*agape* è l'amore di Dio. È un amore che vale per i buoni come per i cattivi, esso è gratuito, scaturisce come una fonte[119]. *Eros* e *agape*, amore ascendente e amore discendente, non si lasciano mai separare completamente l'uno dall'altro. Isolati portano alla disumanizzazione dell'amore, alla sua caricatura. Anche l'*agape*, l'amore oblativo, non può sempre dare se non riceve. La consacrata che vuole donare deve anche ricevere, attingendo alla sorgente originaria dell'amore di Dio in Cristo. Nell'enciclica *Deus caritas est*, in maniera profonda e con linguaggio comprensibilissimo, Benedetto XVI presenta l'amore umano fondato sull'Amore che per primo ci è stato donato e delinea l'affettività come via privilegiata per una piena umanità, strada per la santità. Si tratta di riscoprire il valore dell'*eros* che, se anche inizialmente e soprattutto bramoso nell'avvicinarsi poi all'altro, si donerà e desidererà «esserci per» l'altro. Così il momento dell'*agape* si inserisce in esso, stabilendo una connessione inscindibile tra l'*eros* che cerca Dio e l'*agape* che trasmette il dono ricevuto[120].

b. Costruire gli affetti da consacrata

La consacrazione esprime il senso di una vita, come incontro con la Persona, che dà all'esistenza un nuovo orizzonte e con ciò la direzione decisiva.

Con la scelta di vita verginale, Cristo ha dato origine a una nuova parentela nella fede, edificando l'affettività non sulla carne e sul sangue, ma nel compimento della volontà del Padre. Indica, così, che ogni vocazione verginale si compren-

[119] Cfr. S. Panizzolo, *Davide e la corazza di Saul*, Messaggero, Padova 2002, pp. 9-13.

[120] Cfr. Benedetto XVI, *Deus caritas est*, Lettera enciclica (2005), n. 7; cfr. G. Angelini, *Eros e agape*, Glossa, Milano 2006, pp. 5-42.

de dentro il mistero di una esistenza che giunge al dono totale e non trattiene nulla per sé.

In particolare, l'affettività della consacrata ha un processo peculiare di crescita, che comporta paziente attesa, attenzione, rispetto, discrezione, riserbo, pudore. Essa evita la spettacolarizzazione e l'ostentazione dei sentimenti; non cede a forme di ricatto e di manipolazione; non matura spontaneamente, per automatismi. Interpella la libertà e invoca una presenza educativa fatta di amorevolezza, cioè di amore tradotto in dimensione educativa, capace di mediare e trasmettere i valori con una particolare sensibilità per i tempi e le situazioni di vita. L'affettività è aperta al futuro, ad una storia di fedeltà, alla scoperta della vita come vocazione alla santità, nonostante la sofferenza e le contraddizioni che si presentano in maniera tante volte inedite[121].

Lo sottolinea Filosseno di Mabbug, vescovo siriano del VI secolo:

> Non far partecipe del tuo corpo il tuo desiderio; non lasciare che il tuo piacere naturale lo dissolva e che la gioia e il diletto che sono in te scompaiano, ma trasportali dal corpo all'anima, come da una casa all'altra. Come si tirano fuori gli oggetti di gran valore da una casa che si sa sul punto di crollare, e li si por-

[121] Rapportarsi a Dio-Amore è condizione ordinaria e naturale del cristiano, consapevole che Dio lo abita, e l'amore chiede consenso: «Se noi acconsentiamo, Dio depone in noi un piccolo seme e se ne va. Da quel momento, a Dio non resta altro da fare, e a noi nemmeno, se non attendere. Dobbiamo soltanto non rimpiangere il consenso che abbiamo accordato, il sì nuziale. Non è facile come sembra, perché la crescita del seme in noi è dolorosa… il seme, tutto sommato, cresce da solo e viene un giorno in cui l'anima appartiene a Dio, un giorno in cui non soltanto acconsente all'amore, ma ama veramente, effettivamente. Bisogna allora che essa, a sua volta, attraversi l'universo per giungere a Dio. L'anima non ama di un amore creato. Questo suo amore è increato, perché essa è pervasa dall'amore di Dio per Dio. L'amore è un orientamento e non uno stato d'animo. Se lo si ignora, si cade nella disperazione al primo contatto con la sventura. Mantenere la propria anima orientata verso Dio mentre un chiodo la trafigge» (S. WEIL, *Attesa di Dio*, Rusconi, Milano 1972, pp. 98-99).

ta in un'altra, nuova e solida, nella quale si ha fiducia perché non cadrà né verrà saccheggiata, così prendi tutte le passioni, che stanno presso il corpo e che sono note essere una occasione di bene, e falle entrare e collocale nella dimora della tua anima, in quella casa che non cadrà, non si dissolverà e non andrà in corruzione; togli il calore dal corpo e trasponilo nell'anima, prendi la sua forza e uniscila alla forza dell'anima, cambia tutto quanto gli appartiene in bene dell'anima... È con ragione che il desiderio dell'anima è stato messo accanto al desiderio del corpo affinché, mescolati insieme, producano un'unica azione di desiderio puro e santo[122].

Così la vergine è amabile nella propria dignità affettiva, perché si percepisce meritevole di essere amata. È l'equivalente, sul piano della maturità affettiva, del concetto di stima di sé: se stimarsi vuol dire avere una percezione sostanzialmente e stabilmente positiva dell'io, avere il senso della propria amabilità significa cogliere la propria persona degna di essere benvoluta e, di fatto, amarla, cogliendone bellezza e mistero. Nulla di ciò che sono e che mi viene continuamente donato mi è dovuto; in tutto vi è un momento di dono, che esige e suscita uno spontaneo ringraziamento al Signore della storia[123]. E se l'amabilità viene da Dio-Trinità (il Dio-Padre che genera il Figlio nello Spirito) conosciamo che Dio rende capaci di aprire la nostra vita all'altro/a, ove l'amabilità dell'uno/a si estende all'altro/a[124]. Perché questo

[122] *Omelia XIII*, in E. Lemoine (a cura di), *Homelies*, Cerf, Paris 1956, 495. Nel mistero dell'Incarnazione si comprende che, dentro l'affettività, c'è un bene irrinunciabile per il soggetto umano, un bene da liberare, da fare emergere, da educare con gradualità per tutta la vita con quella ricchezza degli affetti che non si aggiunge dall'esterno ma risponde al grido inesauribile del cuore e ne costituisce l'orientamento profondo. Cfr. *Gaudium et spes*, nn. 12 e 22; Giovanni Paolo II, *Redemptor hominis*, cit., n. 18.

[123] Cfr. R. Guardini, *Accettare se stessi*, Morcelliana, Brescia 1992.

[124] Solo la Trinità, infatti, fa spazio veramente all'altro/a, perché la Trinità *è* questo spazio, è lo spazio abituale dell'altro/a. Noi esistiamo, perché Dio è Trinità,

avvenga, è necessario mettere a disposizione dello Spirito le proprie forze psichiche, perché Egli le indirizzi, le converta, le purifichi. La persona è, allora, coinvolta in questa «piccola creazione», che si compie a livello individuale, in una trasfigurazione il cui fine è lasciar intravedere la presenza divina nascosta nelle profondità dell'essere, proteggendosi dal dilagare di banalità, superficialità, esteriorità da cui ogni giorno siamo bombardati e che, passando dai sensi, viene a prendere dimora nel nostro cuore.

Purtroppo, corriamo il rischio di vivere la consacrazione con uno stile simile a quello di molti sposati, che si vogliono bene ma, presi da mille preoccupazioni, talvolta anche legittime, si dimenticano di dimostrarselo. Così, poco per volta, il legame di appartenenza diventa un'abitudine, in alcuni momenti un peso. Avviene, anche di frequente, nel cuore delle consacrate di servire il Signore, di spendersi, magari anche con molti sacrifici e rinunce, per il Suo Regno. Eppure, senza nemmeno rendersene conto, ci si «lascia andare», e nei rapporti interpersonali tende a prevalere l'ira, la sfiducia, il pregiudizio, e la preghiera diventa più un desiderio, anche se sincero, o una nostalgia, che una realtà vissuta. Una relazione non nutrita lascia, così, il posto all'accidia, alla rilassatezza, a quella mancanza di autocontrollo, che rischia di rendere insipida una forma di esistenza, chiamata, invece, in modo del tutto particolare, ad essere sale della terra e luce del mondo (cfr. Mt 5,13-14). In tali circostanze, spesso si affaccia una visione eccessivamente ottimistica e permissiva degli affetti, qualche volta proposta e sostenuta come strategia vincente, che getta le persone deboli in una ulteriore confusione di sentimenti non più controllabili.

dimora accogliente, grembo materno, spazio relazionale. Inseriti per grazia in questo circolo d'amore, possiamo stabilire «relazioni amabili», di piena accoglienza dell'altro e di conseguente responsabilità reciproca.

Il rischio è che il nostro io, bisognoso di supporti e conferme, trovi nel ruolo una dimostrazione del proprio valore, dell'importanza agli occhi degli altri. Anche nei consacrati si innesca un atteggiamento di continua ricerca di simboli di potere, in cui ricevere una conferma silenziosa della propria bravura. Siamo tentati di vivere la consacrazione come un diritto, in cui gli altri non possono interferire, su cui non è loro permesso esprimere opinioni, proporre suggerimenti. Tutto diventa rigidamente organizzato, intoccabile, piatto, sempre uguale, non aperto alle sante novità di Dio. E così non ci apriamo all'altro, ma cerchiamo l'immagine, il potere, nell'illusione di riuscire a proteggersi dalla superiorità che temiamo di cogliere nell'altro o dai cambiamenti introdotti dalla vita. Ci affanniamo a possedere beni, sicurezze che invogliano a individuare strategie, manipolare, creare alleanze per raggiungere i propri scopi, nell'illusione di conseguire una pace che, con questi mezzi, non si riuscirà mai a trovare. Ecco la necessità di trattenere accanto a sé persone che ci permettono la furbizia e l'egoismo non di un rapporto di sana amicizia, ma un legame di uso, che trasforma tanti sogni in bisogni.

c. Prendersi cura della fragilità da consacrata

Che cosa ci ha resi così fragili da smarrire la fortezza (ossia la fermezza, la saldezza, la perseveranza)? Pare utile ritornare alla consapevolezza del riferimento a Dio, considerando la dimensione di creaturalità, e, quindi, di fragilità. Questa condizione

> deriva, da una parte, dalla nostra finitezza, dall'altra, dalla massa di colpa che, nel corso della storia si è accumulata e anche, nel presente, cresce in modo inarrestabile. Dobbiamo fare di tutto per superare la sofferenza, ma eliminarla completamen-

te dal mondo non sta nelle nostre possibilità; semplicemente perché non possiamo scuoterci di dosso la nostra finitezza e nessuno di noi è in grado di eliminare il potere del male, della colpa, che è continuamente fonte di sofferenza. Ciò potrebbe realizzarlo Dio: solo un Dio che personalmente entra nella storia facendosi uomo e soffre in essa. Noi sappiamo che questo Dio c'è e che questo potere toglie il peccato del mondo (cfr. Gv 1,29), è presente nel mondo[125].

In Cristo, vero uomo, le fragilità umane si trasfigurano in autentiche risorse. Per noi consacrati l'impegno di non emarginarle, ma approfittare della loro invasività nel nostro immaginario, vincerne la paura, e accoglierle come esercizio di santità[126]. La vita teologale chiede di credere l'incredibile: la risurrezione del corpo morto; chiede di sperare l'insperabile come amare il corpo non amabile, il corpo sfigurato che non ha apparenza né bellezza (cfr. Is 53,2), il corpo del nemico.

Impariamo a servire Dio da donne e uomini fragili, considerando la fragilità come dono. Nella sofferenza si diventa uomini completamente rinnovati; questa scoperta conferma la grandezza spirituale che nell'uomo supera il corpo in modo del tutto incomparabile[127].

Lasciamo che ritorni continuamente agli occhi della nostra mente Cristo, che ha pianto, ha sofferto sulla croce, è stato insultato, è morto di fragilità. La bontà disarmante di Gesù

[125] BENEDETTO XVI, *Spe salvi*, Lettera enciclica (2007), n. 36.

[126] Cfr. IDEM, *Deus caritas est*, cit., nn. 18 e 35. È quanto viene confermato anche dalla vita di tanti santi e sante operatori di carità.

[127] Buon samaritano è, in definitiva, colui che porta aiuto nella sofferenza, mettendo il suo cuore, dando se stesso, il suo proprio io, aprendo quest'io all'altro. Buon samaritano è l'uomo capace, appunto, di tale dono di sé. Cfr. GIOVANNI PAOLO II, *Salvifici doloris*, Lettera apostolica (1984), nn. 26; 28-29, un documento profetico che ha raccontato in anticipo la «crocifissione» del Papa polacco negli ultimi anni della sua esistenza terrena.

nei confronti di tutti, anche di coloro che gli erano ostili, rivela la sua interiorità di figlio prediletto del Padre, la sua intesa, intessuta di fiducia e di abbandono, con Colui da cui si sentiva protetto, sostenuto, difeso, amato.

Gesù, il più piccolo tra i piccoli, salva l'uomo con la forza della sua debolezza. Egli, facendosi debole e fragile, ci rende forti; facendosi peccato, ci fa santi; rendendosi mortale, ci dà la vita (cfr. 1Cor 1,18-25). Fin dall'Incarnazione, specialmente nell'estrema fragilità della morte in croce, Dio si fa solidale con la nostra fragilità, la salva assumendola come propria e facendola luogo di riconciliazione con l'umanità. Gesù Cristo non è venuto a spiegarci la fragilità, ma a riempirla della sua presenza, a condividerla, a trasfigurarla, mostrandoci in quale spirito si deve assumere, per conformarci a Lui[128]. Nella sua croce la fragilità è stata redenta e il suo senso di assurdità è vinto dall'interno[129]. A confronto con Gesù si deve rivedere quell'assuefazione ad una consacrazione disincantata, pragmatica, rinserrata nel proprio mondo, un po' narcisista[130].

Gesù è sceso fino a noi per farsi uomo fragile come noi, per coloro che desiderano colorare di speranza il loro dolore e diventare segno visibile di un nuovo umanesimo. L'Incarnazione costituisce la chiave di lettura dell'universale umano, in particolare della fragilità espressa in un'affettività di solitudine e disperazione. Gesù ha mostrato, nella sua vita terrena, con gesti e parole la sua capacità di farsi prossimo in qualunque situazione, specialmente di fragilità affettiva, rendendola occasione di crescita e solidarietà. In Cristo, Dio è tuttora incarnato in noi, e la sua debolezza

[128] Cfr. R. Latourelle, *L'uomo e i suoi problemi alla luce di Cristo,* Cittadella, Assisi 1992, p. 400.

[129] Cfr. Giovanni Paolo II, *Salvifici Doloris*, cit., n. 19.

[130] Cfr. G. Venturi, *La fragilità salvata,* in Aa. Vv. *Una fragilità salvata. Testimoni di Gesù risorto, speranza del mondo,* in «Comunicare la fede», 2 (2006), p. 10.

umana racchiude ogni affettività e fragilità[131]. La vita in Cristo, allora, per la potenza dello Spirito esige il riconoscimento della fragilità di tutti, da considerare alla luce della rivelazione della presenza e della grazia di Dio nella potenza della kenosi (cfr. Fil 2,6-11) del Bambino di Nazaret e del Crocifisso sul Golgota.

Si deve annunciare la necessità di Cristo: «Sì Gesù Cristo, nostro Signore, è a noi necessario»[132]. Prima di essere dimostrazione di forza di un generico Creatore o l'effetto di una ragione suprema, il mondo è creato per mezzo del Figlio e in vista di Lui, il Figlio diventato uomo. Perciò il mondo e l'uomo necessariamente spettano a Cristo e Cristo necessariamente spetta al mondo. Senza questo Fratello primogenito è impossibile qualsiasi salvezza[133]. Nella luce di Cristo, l'immagine del Dio invisibile, primogenito di tutte le creature, si comprende il mistero dell'uomo[134]. Tutto è contenuto nella persona di Gesù, Dio fatto uomo.

L'Incarnazione è intesa giustamente, soltanto se l'umanità di Cristo non è lo strumento, in fondo esteriore, con il quale un Dio che rimane invisibile si rende noto, ma precisamente quello che Dio stesso (rimanendo Dio) diviene, quando estrania e spossessa se medesimo nella dimensione dell'altro da se stesso, del non divino[135]. Allora l'uomo è

[131] Anche il linguaggio che spesso usiamo per parlare delle sofferenze di Gesù sulla croce sembra indicare che talvolta sia qualcosa che ammiriamo e di cui ci appropriamo nella grazia, ma non da imitare. A riguardo, cfr. R. ROLHEISER, *Il cuore inquieto*, Queriniana, Brescia 2008.

[132] Card. G.B. MONTINI, *Omnia nobis est Christus,* in «Rivista diocesana milanese», 44 (1955), p. 45.

[133] Cfr. G.C. PAGAZZI, *C'è posto per tutti. Legami fraterni, paura, fede*, Vita e Pensiero, Milano 2008, pp. 69-110.

[134] Cfr. *Gaudium es spes*, n. 10.

[135] Cfr. E. JÜNGEL / K. RAHNER, *La pazienza di Dio e dell'uomo*, Morcellina, Brescia 1985: «Chi veramente ha pazienza, sopporta realmente la sua insoddisfazione, la accetta, lascia sfogare il suo dolore; chi realmente ha pazienza, accetta ancora una volta pure con tolleranza di non sapere con sicurezza, se alla fine accetta in atteggiamento paziente questa insoddisfazione oppure manca l'impegno nei suoi

l'altro in cui sfocia il darsi di Dio e il possibile fratello di Cristo[136].

Nell'antropologia cristiana, il corpo è rinvio alla dinamica del dono e della responsabilità. Al cuore del cristianesimo vi è l'inaudito dell'Incarnazione, per cui il corpo è patrimonio comune di Dio e dell'uomo e tempio vivente dell'incontro tra i due. Ciò che continua a proclamare l'Eucaristia, che nell'atto corporeo di mangiare ci fa partecipare al corpo di Cristo e costituisce i credenti in un corpo fraterno e solidale (cfr. 1Cor 10,17). È il mistero della fede, prolungamento nella storia dell'Incarnazione di Dio fatto uomo, vivente con noi fino alla fine dei secoli.

3. Ecco Io vengo: un'affettività matura e una fragilità riconciliata

La presenza di Cristo nell'Eucaristia continua quella relazione tra Dio e l'uomo iniziata con l'Incarnazione. Ciò viene espresso nella presenza «per qualcuno», evidente nella stessa parola della istituzione: il mio corpo, il mio sangue per voi. Il «sì» dell'Annunciazione si prolunga nel «sì» della Crocifissione, che rende l'amore più forte della morte[137]. Entrando nel mondo, Cristo dice: Un corpo mi hai preparato. Allora ho detto: ecco, io vengo per fare, o Dio la tua volontà (cfr. Eb 10,5-10). L'Incarnazione trova la sua pienezza nell'evento pasquale, ripresentato dal mistero della fede, visibilizzazione definitiva e radicale dell'amore eterno di Dio,

confronti con una simulazione di pazienza fatta di banalità. Chi ha pazienza, è paziente con la sua impazienza, è l'uomo sereno, e così è l'uomo libero perché si abbandona al silenzio di Dio».

[136] Cfr. K. RAHNER, *Antropologia*, s.v., in *Sacramentum mundi*, vol. I, Morcelliana, Brescia 1974, p. 282.

[137] Cfr. G. MAZZANTI, *Mistero pasquale mistero nuziale*, EDB, Bologna 2002, pp. 65-72.

del suo amore per il mondo[138]. Il riferimento al corpo conduce a pensare all'avvenimento che dà inizio alla vita di Gesù e a quello che la conclude, al mistero dell'Incarnazione e a quello della Crocifissione, al corpo ricevuto da Maria e a quello offerto sul Calvario[139]. In ogni persona, affettività e fragilità sono ambiti tra loro interdipendenti, le due sfere si intrecciano e si richiamano vicendevolmente nelle situazioni del quotidiano. Nel credente, poi, affettività e fragilità ricevono comprensione e verità dal mistero di Cristo, fatto uomo e presente nel sacramento dell'Eucaristia. Troviamo riflessa tale interdipendenza nella storia di vita della consacrata, chiamata ad essere vergine, sposa e madre nella Pasqua di Cristo, speranza del mondo.

Nell'Eucaristia, Cristo sacramentalmente fa risorgere la verginità, la nuzialità e la maternità di ogni consacrata per opera dello Spirito. La vostra vocazione verginale non è nata, forse, dall'Eucaristia, e l'Eucaristia non è davvero il prototipo della vostra chiamata? Con essa dovete continuamente confrontarvi per verificare la vostra fedeltà a quella voce: «Anche tu sei un dono d'amore per un mondo nuovo».

Mi ispiro a una donna del Vangelo, che non ha nome (potremmo darle il vostro nome) e viene semplicemente evocata con il riferimento alla malattia che l'ha fatta soffrire per lunghi anni (cfr. Mc 5,21-34). Dice l'evangelista Matteo che Gesù è tra la folla ed ecco una donna gli si accostò alle spalle e toccò il lembo del suo mantello. Pensava dentro di sé: «Se riuscirò anche solo a toccare il suo mantello, sarò guarita». Che cosa poteva essere toccare un mantello? Ma quella donna era intimamente persuasa che, in tal modo, avrebbe toccato Gesù.

[138] Cfr. L. Manicardi, *Il corpo*, Qiqajon, Magnano 2005, pp. 57-68.
[139] Giovanni Paolo II, *Ecclesia de Eucharistia*, Lettera enciclica (2003), nn. 18 e 20.

a. La «folla»

A nessuna di voi sfugge l'affanno quotidiano per essere coerenti alla vostra chiamata di consacrazione speciale. Sono tanti i nomi con cui definire la folla che attraversa i pensieri, i sentimenti e le azioni della nostra vita. Ne richiamo alcuni: innanzitutto il consumismo, che si riflette nella ricerca di esperienze sempre nuove, che coinvolgono soprattutto la sfera affettiva (mi sento, mi piace); il soggettivismo, che assume la propria visuale della realtà come misura unica valida di tutto; l'immediato, per cui tutto deve essere raggiunto subito e con pochi sforzi; l'efficientismo e la produttività, come la secolarizzazione.

Tutto subentra alla donazione al Signore. L'unica apertura spirituale è quella panacea emotiva di alcuni momenti limitati, per cui la formazione ha poca incidenza e non coinvolge veramente tutta la persona. Quest'ultima rimane centrata su se stessa, con la convinzione che tutto sia dovuto e si possa ottenere facilmente in base al prestigio personale e ai mezzi economici, con un grande relativismo etico, e non con la coerenza e la perseveranza a lungo termine. La fede di tante consacrate potrebbe essere marginale, immatura e mancare di vera coscienza morale; la preghiera scarsa e abitudinaria. Un vuoto che si è portati a riempire di cose esteriori con la ricerca ansiosa di riconoscimenti, come titoli di studio e carriera ambiziosa. Si vede sempre di più la consacrazione nell'*Ordo* come una faccenda strettamente privata, che potrebbe non andare oltre gli stati d'animo di confusione e incertezza.

Prende così il sopravvento la parte fragile della propria storia passata e presente, che porta a ridurre gli ideali della consacrazione. Il tutto confluisce facilmente nel disinteresse, nella chiusura in sé e in comportamenti ambigui, spesso di natura affettivo-compensativa. E, così, quello che è esteriore si sostituisce alla coscienza personale, ci si proietta più sul fare e sull'avere, che sull'essere. Ci troviamo per lo più, anche dopo anni di vita consacrata, di fronte a una identità inconscia, incerta, affogata nel caos contemporaneo.

Gli stessi cammini formativi, pur ricchi di contenuti e metodologie, non arrivano all'interiorità (*habitare secum*). La propria identità viene dimenticata, messa in discussione e fuorviata da tante esperienze dispersive, che minano l'interesse formativo, spesso debole, tanto che non converte, perché non arriva al cuore, anche perché ci si preoccupa della formazione intellettuale e dell'abilitazione professionale più che di quella personale, plasmata da una fede che riflette.

La folla fa pensare alla debolezza affettiva e alla fragilità nella vita consacrata, da collegarsi alla superficialità e trascuratezza nel prendere in mano con sincerità e misericordia la propria esistenza con le ricchezze e i limiti che racchiude.

Ma chi è veramente capace di accompagnare la qualità della vita umana secondo il progetto di Dio sulla storia senza considerare la coscienza? Essa afferma la trascendenza della persona, bisognosa di rapportarsi con la verità oggettiva, degna dell'uomo, universale e uguale per tutti, che tutti possono e devono cercare[140]. Siamo convinti che quanto più prevale la retta coscienza, tanto più le persone si allontanano dal cieco arbitrio e si sforzano di conformarsi alle norme oggettive di moralità, mettendo in gioco la propria esperienza, la sincerità della ricerca personale e comunitaria del vero e del bene, la coerenza delle proprie scelte. Ma quale spazio, per esempio, nei cammini formativi stiamo dando all'educazione della coscienza, in un contesto, come il nostro, dove si proclama la certezza dell'incertezza, la verità del dubbio, una gerarchia di pseudo-valori soggettivi ed egoistici, la giustifi-

[140] Cfr. IDEM, *Se vuoi la pace rispetta la coscienza di ogni uomo*, Messaggio per la Giornata mondiale della pace 1991.

cazione del male, e dove i vizi diventano virtù e le virtù sono considerate dei vizi[141]? Non si ha il coraggio o non ci si fida a farsi aiutare, si sceglie il «fai da te» per la guida di se stessi. A riguardo, le aree più scoperte restano, appunto, quella della fragilità vocazionale e della vita affettiva.

Che cosa dire, poi, della mancanza di rapporti interpersonali vitalizzanti? Non si comunica a livello profondo, soprattutto per la paura di dover presentare un immagine di sé non degna della vetrina e della stima degli altri. I veri rapporti personali, spesso dettati dal bisogno affettivo, vengono ricercati in relazioni di vario tipo. E quando si arriva ad avere responsabilità, si agisce con questi stessi criteri. C'è anche da dire che nessuno vuole assumere responsabilmente degli impegni, perché si teme l'insuccesso e il non ottenere subito dei risultati soddisfacenti[142]. Tra questa «folla» di inquietudine e malattia, ciascuna di voi potrebbe, come l'emorroissa, toccare il mantello di Cristo «Vergine, Sposo e Madre», per maturare nella sua affettività e rappacificarsi con la propria fragilità.

b. Toccare[143] *il mantello del Cristo Vergine*

La verginità è seguire Gesù; non è, perciò, rinuncia ad amare, bensì un carisma peculiare di chi è afferrato e posseduto dall'Amore. È un *votum*, offrire se stessi ed essere consumati nel martirio della purezza per amore di Cristo. Quel-

[141] Cfr. S. Majorano, *La coscienza*, San Paolo, Cinisello Balsamo 1994, pp. 146-179; G. Cucci, *I vizi capitali sono ancora attuali?*, in «La Civiltà Cattolica», 159 (2008), pp. 456-468; G. Ravasi, *Ritorno alle virtù*, Mondadori, Milano 2005.

[142] Per questi aspetti vocazionali, cfr. una conferenza di don Beppe Roggia al Convegno CISM Campania, 17 maggio 2003.

[143] Cfr. C. Aubin, *Le cinque finestre del cuore*, Lateranense, Città del Vaticano 2006, pp. 84-91. Sarebbe interessante approfondire la nozione di «sensi» come strumento di percezione (i cinque sensi) e di esperienze affettive connesse. Non a caso la parola latina *sensus* indica i sentimenti.

lo che si vive è oltre natura, perché viene dall'Autore della natura[144].

Dal Vergine, infatti, riceviamo il dono della grazia intatta della verginità, da Dio la forza di rispondervi in amorosa fedeltà. Il Verbo si fece carne, perché potesse essere lo specchio della verginità. E, così, la carne della vergine, purificata dal Battesimo, lavata dalla penitenza, vivificata dall'Eucaristia, si vota a Cristo, uomo-Dio, che la riscatta dal peccato.

Il Vergine e la vergine sono due in una sola carne, per opera dello Spirito, che, unendo al corpo glorioso del Cristo l'anima consacrata, la riempie di una prescrizione interiore non per un periodo, ma per sempre, quasi a dire che la patria della verginità è il cielo e la vergine è straniera sulla terra (cfr. Ap 21,2-3).

L'immacolato Figlio di Dio, la cui carne non vide corruzione e la cui divinità non sperimentò contatto, è l'unico genitore della verginità. Il Vergine è prima della vergine, ma nato da una Vergine: è prima della vergine per natura, da sempre; nasce dalla Vergine per il nostro bene. Non è Cristo, allora, «della verginità», ma la verginità è del Cristo[145].

È donna libera la vergine, perché non prigioniera delle lusinghe del mondo; generosa, vola alto sopra i vizi per superare le fragilità; è coraggiosa, perché confida nella presenza del Signore; angelica, perché fortificata dalla schiera degli

[144] Cfr. J. Hourcade, *L'Eterno femminino,* ADP, Roma 2006, pp. 102-108. La consacrazione solenne e per sempre di una donna nell'*Ordo virginum* esige l'integrità della sua anima e del suo corpo. Si tratta di considerare, nella donazione a Dio, l'unità della persona che dona con gioia se stessa, anche attraverso la dimensione intima della verginità. Imparando dai Padri della Chiesa, occorre essere rigorosi e dare molta importanza alla verginità fisica nella particolare forma di consacrazione. La stessa liturgia con il rito della velazione delle vergini non vuole esprimere altro che l'esigenza dell'integrità della carne. A riguardo, cfr. Idem, *Una vocazione femminile ritrovata. L'Ordine delle Vergini Consacrate*, LEV, Città del Vaticano 2000, pp. 116-123.

[145] Cfr. S. Ambrogio, *Sulla verginità*, I,21.

angeli; vive una consuetudine anticipata di immortalità, già partecipe della carne glorificata del Risorto[146]:

Vergine consacrata cerca il Cristo nella tua luce, cioè nei buoni pensieri, nelle buone azioni, nelle tue notti, cercalo nella tua stanza, perché anche di notte viene e bussa alla tua porta. Vuole trovarti vigile in ogni momento, vuole trovare aperta la porta dell'anima tua. E v'è pure un'altra porta che vuole trovare aperta: vuole che si schiuda la tua bocca e canti la lode e la professione di fede nella croce, mentre nella tua stanzetta ripeti il Credo e canti i salmi. Quando egli verrà, ti trovi desta e preparata. Dorma il tuo corpo, ma vigili la tua fede; dormano le lusinghe del senso, ma vigili la prudenza del cuore. Le tue membra profumino della croce di Cristo e della fragranza della sua sepoltura. Ma noi non cerchiamo forse il Cristo dove non lo si può trovare? Cristo non si aggira per il mondo. Cristo è pace e nel mondo ci sono liti; Cristo è giustizia e nel mondo vi è iniquità; Cristo è attività e nel mondo c'è oziosa vuotezza; Cristo è carità e nel mondo c'è maldicenza; Cristo è lealtà e nel mondo vi sono frode e perfidia; Cristo è nella Chiesa e nel mondo ci sono gli idoli.

Teniamoci lontani dalle piazze, perché non solo è un danno non trovare colui che si cerca, ma di solito è una ferita cercarlo dove non bisogna, per esempio presso quei tali che a torto si attribuiscono il titolo di dottori[147].

146 Cfr. A. CENCINI, *Il fascino sempre nuovo della verginità*, Paoline, Milano 1997, pp. 23-50.

147 S. AMBROGIO, *La verginità,* 46-47. «Pensavo, afferma S. Agostino, che sarei vissuto troppo infelicemente nello stato verginale: e non pensavo che, nella tua misericordia, avrei trovato il farmaco per guarire anche di questa malattia; perché nella mia inesperienza, credevo che la verginità dipendesse dalle proprie forze e io ero conscio di non averle. Ero tanto stolto da ignorare quello che sta scritto: nessuno può essere continente se non glielo concedi (cfr. Sap 8,21). E Tu me l'avresti senza dubbio concesso se, col gemito mio interiore, avessi bussato alle Tue orecchie e, con salda fede, in Te avessi gettato la mia preoccupazione» (cfr. S. AGOSTINO, *Confessioni,* 6,11).

La vergine unita in sé stessa e al Signore diventa «purezza di cuore», in quanto si libera delle cose ed esclama: «Una cosa ho chiesto al Signore, questa sola io cerco» (Sal 27,4).

La vita verginale è, dunque, in senso profondo una vita pasquale: «Vi esorto, dunque, ad offrire – dice Paolo – i vostri corpi come sacrificio vivente, santo e gradito a Dio; è questo il vostro culto spirituale» (cfr. Rm 12,2). Cristo ha offerto il suo corpo in sacrificio, anche noi dobbiamo offrire i nostri corpi in sacrificio. Evitiamo, perciò, le curiosità inutili, le distrazioni, il fermarsi in superficie e permettere a tutte le nostre forze spirituali di convergere in un'unica direzione: «Fuori di te nulla bramo sulla terra» (Sal 73,25). La verginità ha un'impronta eucaristica di immolazione ben espressa nel coltivare quelle virtù che sono segno di appartenenza fedele al Signore, quali capacità e attitudine al dominio di sé, che si esprime nella pratica del pudore e della modestia nel parlare e nell'agire, nel rispetto del proprio corpo e della dignità degli altri.

La vergine è dono di Dio, sacerdozio di castità, ostia per il cui sacrificio quotidiano viene riparato il peccato del mondo. Essa è chiamata ad essere santa nel corpo e nello spirito, liturgia perenne mai interrotta dalla transitorietà di questo mondo. La storia di una vergine consacrata è un mistero di amore tumultuoso e dolorante, ma fedele e fecondo; storia di umiltà e di silenzio, vita già eterna, gioia anticipata di una attesa che è già presenza.

Occorre vegliare perché certe mode e atteggiamenti non violino la santità del Vergine (per esempio, linguaggio volgare, atteggiamenti e gesti ambigui, seguire la moda o i gusti mondani...), e la consacrata rifiuti di essere vista e trattata come oggetto di piacere invece che amata come figlia di Dio, santa nel corpo e nello spirito. «Nella verginità prendi la tua croce e segui chi ti ha purificato, Gesù Cristo, il tuo Signore. Porta a compimento il cammino della lotta in modo retto e sicuro, senza temere, ma sperando fiducioso il ritorno del Signore, per conseguire il premio della tua alta vocazione in Cristo Gesù»[148]. Tocca il mantello del vergine e diventa vittima gradita in odore di soavità, piacente al Vergine[149].

«Io sono nel Padre e il Padre è in me» (Gv 14,10): l'unione di Gesù con il Padre è stata sempre perfetta. Anche alla vergine consacrata, che si riempie di quella grazia eucaristica (*mens impletur gratia*), è proposta una vita di unione incessante e fedele con il pensiero e il sentire di Cristo vergine.

Per realizzare questo ideale di unità verginale, l'anima deve rientrare in sé stessa per trovarvi il Signore, raccogliendo e lasciando convergere in Lui ogni sua facoltà. Evitare le conversazioni inutili, fuggire i divertimenti terreni, riservarsi ore di silenzio è il dovere elementare di chiunque aspiri a vivere la sua scelta di consacrazione. È necessario mettersi nel silenzio interiore durante le nostre giornate, bandire preoccupazioni, pensieri inutili, sogni e tutto quel vano lavorio dell'immaginazione che spesso turba il nostro cuore. Potremmo compiere quanto previsto dalla nostra regola di vita, possedere uno stato di grazia, ma condurre una vita mediocre, poco desiderosa di perfezionare la nostra intimità divina. Come se Dio fosse presente in noi, ma noi non sappiamo rimare con Lui. Non è male, perciò, seguire il consiglio di Santa Caterina da Siena, che invitava a costruirsi una cella interiore, nella quale la vergine vive sola con il Vergine, occupandosi dell'Unico necessario. Ricorderemo, così, che il Signore è presente nei nostri cuori e rimane sempre con noi. Specialmente nella tentazione contro la verginità bisogna tenersi ancora più strettamente uniti a Gesù. Quando il

[148] PSEUDO CLEMENTE, *Lettera ai vergini,* 5.

[149] Cfr. S. AMBROGIO, *L'educazione della vergine,* 94. Sui testi dei Padri della Chiesa, cfr. S. CHIALÀ / L. CREMASCHI (a cura di), *Misericordia sempre*, Qiqajon, Magnano 1998.

demonio attacca la nostra vita soprannaturale, chi attacca se non il Vergine? È il Cristo presente in noi che il demonio perseguita ancora e che vorrebbe nuovamente crocifiggere, estinguere nella nostra vita di verginità. Il segreto della vittoria non sta nell'agitarsi, nel discutere le astuzie diaboliche o le sue suggestioni, ma aderire con tutta la nostra volontà a Colui che ha già vinto e che, più di noi, ha a cuore la fedeltà che Egli stesso ci comunica. Invece di gridare: il demonio!, invochiamo Dio, provando disprezzo per i demoni così che saranno loro ad aver paura di noi.

Nella vita di santa Caterina c'è un episodio illuminante. Caterina aveva appena subìto una tentazione contro la purezza estremamente umiliante e di una violenza inaudita. Passata la tempesta, le apparve il Signore; allora lei gridò: «Signore, Tu dove eri, quando il mio cuore era tormentato da tante impurità?». «Io ero nel tuo cuore». «Ah! Signore, Tu sei la stessa verità e io mi inchino davanti alla tua Maestà. Ma come posso credere che eri nel mio cuore quando era colmo di pensieri così detestabili?». «Questi pensieri e queste tentazioni ti procuravano gioia o tristezza, piacere o pena?». «Una grande tristezza e una grande pena». «Sappi, figlia mia, che tu soffrivi, perché io ero nascosto dentro il tuo cuore. Se io fossi stato assente, questi pensieri ti avrebbero conquistato e procurato piacere, ma la mia presenza te li rendeva insopportabili. Io agivo in te, io difendevo il tuo cuore contro il nemico. Io non sono mai stato più vicino a te» [150].

c. Toccare il mantello del Cristo Sposo

Se la sposa è lontana dallo Sposo non è bella, ma lo diventa quando è unita al Verbo di Dio. E a ragione, dunque, lo Sposo

[150] Sulla tematica dell'unione eucaristica, cfr. M.V. Bernardot, *Dall'Eucaristia alla Trinità*, ESD, Bologna 2004, pp. 56-79.

insegna ad essergli vicina e a non allontanarsi dal suo fianco. «Come sei bella, mia vicina, come sei bella» (Ct 1,15). Cominci ad essere bella quando mi sei vicina; e allora, quando hai cominciato ad essere bella, sei veramente bella[151].

Cristo può essere definito lo Sposo assoluto, lo dichiara Egli stesso nel Vangelo. La parabola del Regno fa riconoscere in Gesù uno Sposo; si tratta delle nozze che il Padre organizza per suo Figlio. I discepoli, poi, sono considerati amici dello Sposo, e a questo titolo non possono digiunare durante tutto il tempo in cui lo Sposo è con loro (cfr. Mc 2,18-20). Allo stesso modo, le due parabole della vigilanza raccomandano di essere preparati per la venuta dello Sposo: i servi devono vegliare per attendere il loro maestro al suo ritorno dalle nozze, per aprirgli subito, appena egli arriva e bussa (cfr. Lc 12,36); e le dieci vergini devono avere olio sufficiente per le loro lampade, per accogliere lo Sposo ed entrare con lui nella sala delle nozze (cfr. Mt 25,1-13). Il Re è lo Sposo e lo Sposo è il Re[152].

Particolarmente, nel Vangelo secondo Giovanni è presente la nuzialità di Cristo. Egli è presentato da Giovanni Battista, al quale, con chiaro riferimento al libro di Rut, non può togliere i sandali per sottrargli la sposa (cfr. Rut 4,7-8). L'immagine dello «sciogliere il sandalo» (1,27) è un'immagine nuziale e significa appartenenza. In diversi passi, Giovanni presenta Gesù come Sposo[153].

Non a caso l'evangelista sceglie di far cominciare il ministero pubblico di Gesù a Cana (Gv 2,1-18) dove si svolge

[151] ORIGENE, *Omelia sul Cantico dei Cantici,* 2,4. A riguardo, cfr. anche M.G. MASCIARELLI, *Il Pane donato – l'Eucaristia, scuola di bellezza e di preghiera,* LDC, Torino 2005.

[152] Cristo Sposo, dice: «Non vi conosco». Il verbo è quello usato nella Genesi e in Osea per indicare il conoscere nuziale di un uomo e una donna.

[153] Cfr. I. BELTRAMO / E. BELTRAMO (a cura di), *La nuzialità nelle parabole*, Effatà, Torino 2004.

uno «sposalizio» e non delle «nozze». Il termine è al singolare e indica il matrimonio di Gesù Sposo con l'umanità. Anche la sosta di Gesù in Samaria, presso il «pozzo» di Giacobbe (Gv 4,3b-45) assume indubbiamente un carattere sponsale. Nella tradizione biblica il «pozzo» era un luogo di fidanzamento[154]. Gesù Sposo cerca di far uscire la donna-sposa dall'idolatria del desiderio fisico-affettivo, per lasciarle intravedere la possibilità di estinguere definitivamente la sua sete di relazioni attraverso un'acqua viva che è Lui stesso.

L'ultima cena (13,1-20) ha un'interpretazione esistenziale-relazionale: la risposta al tradimento di Giuda e al rinnegamento di Pietro è il nuovo comandamento dell'amore vicendevole, che fa comprendere il contenuto di quelle parole omesse sull'istituzione dell'Eucaristia. Infatti, la finalità e il contenuto di ogni sacramento è l'amore!

La lavanda dei piedi ha reminiscenze bibliche in chiave nuziale: è il gesto della schiava Abigail, che viene presa in moglie dal re Davide (cfr. 1Sam 25,41); dell'unione sponsale, nell'episodio di Urìa e Betsabea (cfr. 2Sam 11,8) e nel Cantico dei cantici (Ct 5,3-4). Anche se Gesù il gesto compie verso gli uomini, esso esprime ancora una volta il senso del Cristo sposo dell'umanità.

Va notato, però, che nei vangeli, pur designandosi come lo Sposo, Gesù non ha mai parlato di sposa, perché nella nuova alleanza egli è al tempo stesso Sposo e sposa. Nel contratto sigillato tra Dio e l'umanità, Gesù ha il ruolo di Dio, il che gli vale il nome di Sposo; ma ha anche il ruolo del popolo, o dell'umanità, che è caratteristico della sposa. L'alleanza si compie nella sua persona di Figlio incarnato: nel patto in cui essa si esprime, Gesù rappresenta, da una parte, Dio davanti all'umanità, recandole la dimostrazione dell'a-

[154] Cfr. l'incontro tra Isacco e Rebecca in Gen 24 o quello tra Giacobbe e Rachele in Gen 29.

more divino e, dall'altra, l'umanità davanti a Dio, ottenendo per essa i favori del Padre.

Chiamando il suo «sangue dell'alleanza», Gesù vuole affermare una certa identità tra l'alleanza e il proprio essere. Egli stesso è l'alleanza, ed è a questo titolo che egli è lo Sposo: non lo Sposo di un'altra persona, che sarebbe la sua sposa, ma lo Sposo in cui si personifica tutta l'alleanza, Sposo in senso assoluto[155].

La qualità di Sposo attribuita a Cristo indica nella vergine consacrata la sposa destinata alle nozze con Cristo. «Vi ho promessi a un unico Sposo, per presentarvi quale vergine casta a Cristo» (2Cor 11,2), nell'ora della morte e all'ingresso nella vita eterna dove sarete accolte da Cristo Sposo, che in virtù della volontà del Padre, esercita il giudizio (cfr. Gv 5,27):

> La scelta della vita verginale, richiama la transitorietà delle realtà terrestri, è anticipazione dei beni futuri. Siate presenti nel mondo e tuttavia pellegrine verso il Regno. La vergine consacrata, infatti, si identifica con quella sposa che, insieme allo Spirito, invoca la venuta del Signore: «Lo Spirito e la sposa dicono: Vieni» (Ap 22,17)[156].

> Il regno dei cieli è simile a dieci vergini che presero le loro lampade e uscirono per andare incontro allo sposo. Avevano, infatti, la medesima disposizione d'animo e acconsentivano su un unico punto: ecco perché si dà loro il nome di dieci vergini, perché avevano messo la stessa intenzione. Ma quando uscirono incontro allo sposo, non erano più tutte dello stesso sentimento. Alcune, infatti, si procurarono dell'abbondante alimento per le loro lampade ad olio e, in più, del rifornimento; le altre invece furono negligenti e si preoccuparono soltanto del momento pre-

[155] Cfr. G. Angelini, *Metafora sponsale e vita spirituale*, Glossa, Milano 2004, pp. 71-75.

[156] Benedetto XVI, *Discorso alle vergini consacrate partecipanti al Congresso-pellegrinaggio «Verginità consacrata nel mondo: un dono per la Chiesa e nella Chiesa»*, 15 maggio 2008.

sente. Perciò sono divise in due gruppi uguali di cinque ciascuno, poiché le une conservano puri e immuni da peccato i loro cinque sensi, che la maggioranza chiama porte della Sapienza; le altre invece li hanno corrotti con una grande quantità di colpe, in un impasto di malvagità. Nella loro continenza e purezza le prime hanno portato frutti di giustizia maggiori delle seconde coi loro peccati. Ecco perché accadde che queste furono escluse dai recinti divini e impedite d'entrarvi. Infatti, a seconda che ci comportiamo bene o male, è sempre dai sensi che ricevono impulso le nostre belle azioni o i nostri misfatti.

Come diceva Tallusa che vi è una castità degli occhi, delle orecchie, della lingua e, successivamente, degli altri sensi, così nel nostro caso la vergine che nella sua fedeltà ha custodito inviolati i cinque accessi alla sua virtù, cioè la vista, il gusto, l'odorato, il tatto, e l'udito prende il nome delle cinque vergini, perché ha reintegrato in Cristo le cinque facoltà della sua percezione, in tutta la loro purezza, facendo per ciascuna risplendere chiaramente la santità, a guisa di una lampada.

La nostra carne è, a dir il vero, come una lampada a cinque fiammelle che l'anima tiene stretta a guisa di fiaccola per presentarla a Cristo nel giorno della risurrezione e mostrare attraverso tutti i sensi lo sfolgorante splendore della sua fedeltà, come Egli stesso insegnò dicendo: «Sono venuto a gettare un fuoco sulla terra e che mi resta a desiderare se è già acceso?» Per «terra» Egli intende la dimora del nostro corpo in cui vuole che s'accenda ben presto, divampando rapidamente, l'operato del suo insegnamento. L'olio, poi, va paragonato alla sapienza e alla giustizia; quando l'anima la riversa copiosamente sul corpo inondandolo, la luce della verità s'accende e divampa inestinguibile «davanti agli uomini», illuminando le buone azioni, in modo che venga resa gloria al Padre che è nei cieli[157].

La nuzialità divina, già iscritta nel vostro essere creatura, con il Battesimo, è rivestita dell'abito nuziale che, impre-

[157] METODIO D'OLIMPO, *La verginità*, Discorso 6,3.

ziosito dalla consacrazione verginale, è rivitalizzato quotidianamente dalla sponsalità eucaristica, dove respirate l'amicizia di Gesù; amicizia di similitudine, generativa: «Come il Padre ha amato me, io amo voi» (Gv 15,9). Il precetto «amatevi come io vi ho amati, nel mio amore» (Gv 13,34; 15,9 ss.) è chiave interpretativa della donazione mediante il sacramento della presenza amica del Signore risorto, lo Sposo che ti chiede: «Che cosa dici di me? Chi sono per te? Che rappresento nella tua vita? Quello che dici di me, lo dici tu o ripeti quello che altri dicono? Da chi ascolti quello che dici di me? Mi ami? Osservi i miei comandamenti?».

L'Eucaristia porta a discernere le domande e i luoghi nei quali, secondo la sua parola, lo si incontra, e si conoscono gli appuntamenti che dà[158]. Essi sono ecclesiali e personali, e perciò anche temporali, ed esigono di volerci disponibili a incontrarlo nelle persone in cui si rende visibile e, in particolare, nell'accoglienza riservata a ogni persona creata a immagine del Padre e sfigurata per gli eventi di una esistenza fragile. Io in voi e voi in me: è il segreto del Mistero eucaristico, preghiera che sana le ferite dell'amore e vince le ritrosie dello Sposo.

L'animo sponsale della consacrata è impegnato a crescere in un'affettività matura, non solo perché vicina a Dio, sposa accanto allo Sposo, ma anche perché decisa a volere ciò che Dio vuole, dopo aver pesato «i pro e i contro» delle varie alternative di comportamento, suggerite dal cuore. La consacrata dovrebbe respirare sempre quella percezione di pace, seguita a un discernimento e che comporta uno stato di disposizione affettiva ben definita, che S. Ignazio di Loyola chiama tranquillità d'animo o equilibrio a fronte di impulsi, scontentezza, colpevolezza, sdegno, ira, senso dell'onore da difendere, subbuglio. Ciò che conduce e produce uno stato

[158] Cfr. J. HOURCADE, *op. cit.*, pp. 70-91.

di pace dev'essere sempre seguito, mentre ciò che allontana da un tale stato dev'essere rifiutato. È chiara l'azione della grazia santificante dell'Eucaristia, che dispone alla quiete interiore e aiuta a perseverare, nella lotta spirito-carne, indirizzando l'amore sponsale alla volontà divina e non all'infedeltà del peccato. Si realizza, così, nella consacrata quella consolazione affettiva, accompagnata da soddisfazione, ma senza un interlocutore umano o un oggetto. È l'affettività matura, che non nasce dalla comprensione o dalla rappresentazione di un oggetto, ma avviene per opera divina. Il suo accadere è motivo o condizione di equilibrio per determinare una personalità autentica. È l'essere innamorati di Dio, che è il compimento radicale dei vostri desideri ardenti di spose coscienti del dono ricevuto. Più cresce la consistenza di questa esperienza, più la propria affettività va oltre la fragilità e diventa adulta in Cristo Sposo[159].

d. Toccare il mantello del Cristo Madre

La tenerezza sponsale del Cristo si completa nella dolcezza materna. Cristo, Sposo offre la sua vita come una madre il suo latte, perché ciascuno si riscopra figlio nel Figlio. Nell'Eucaristia, la sponsalità si schiude alla maternità, e la maternità respira di sponsalità, per cui il petto del Cristo Sposo dona il latte dell'esortazione, il petto di Cristo Madre quello della consolazione. Il latte, infatti, è la bevanda della letizia e dell'appagamento nel rapporto dell'anima con Dio, che distribuisce nutrimento e latte a sazietà insieme alle dolcezze delle carezze materne[160].

Divenuti figli, in Colui che si è fatto Figlio incarnato, pos-

[159] Cfr. R.M. DORAN, *Affetto, affettività*, s.v., in *Nuovo Dizionario di Spiritualità*, cit., pp. 41-43.

[160] Cfr. G.P. DI NICOLA, *Quale volto materno di Dio,* in M.T. BELLENZIER / O. CAVALLO (a cura di), *Le donne dicono Dio,* Paoline, Milano 1995, pp. 140-146.

siamo gustare l'affettività generativa, di una generatività non esclusivamente biologica. E, se si è generati, scatta l'esperienza della dipendenza filiale, capace di libertà e costruttiva di dignità. Vivere una relazione affettiva vera e generativa è un prolungamento della relazione con Gesù, fondamento della nostra esperienza relazionale, il quale ha vissuto una vita affettiva e ha dato origine a una nuova parentela nella sequela. La sua vita verginale sottolinea come ogni vocazione si comprenda dentro il suo mistero.

Prendendo spunto dalla mistica medievale, nell'Eucaristia il Cristo si presenta come colui che assume le emozioni e i tratti di una madre, che si proietta nelle esigenze del figlio. Cristo «madre» gioisce per la nascita di nuovi figli, generati dal sacrificio della Croce. Certo, colpisce l'amorevolezza materna di Cristo, espressa prima nella condiscendenza della Incarnazione[161], poi, nel sacramento dell'altare. Se nella paternità Dio mostra tutta la sua forza, nel volto materno di Cristo visibilizza ogni dolcezza. Il sentire materno di Cristo racconta la compassione del Padre celeste[162].

Evidenziando, così, l'aspetto spirituale della maternità di Cristo, l'uomo si scopre familiare di Dio e, riposando sul suo petto, ne richiama quel tratto di maternità che è incoraggiamento, protezione, sostegno e fiducia. È chiaro il riferimento a Paolo, l'apostolo, che con l'immagine della donna che partorisce o che allatta aiuta ad entrare nel vissuto della fede. «Figliuoli miei, che io di nuovo partorisco nel dolore, finché non sia formato Cristo in voi» (Gal 4,19). La Croce, perciò, rappresenta la sublime visione d'amore che sperimenta una madre nel dare alla luce il figlio.

Considerare l'allegoria della maternità di Cristo significa modellare sui suoi sentimenti il proprio vivere per consola-

[161] Cfr. BERNARDO DA CHIARAVALLE, *Sermone* 20, II, 3,1-30.
[162] Cfr. *ibidem*, IX, III, 4,29-36.

re i poveri, essere vicini agli ultimi[163]. Con la maternità la donna impara concretamente, dall'esperienza e attraverso il suo corpo, a fare dono della sua carne e del suo sangue, come fa sacramentalmente Cristo con il suo corpo, quasi a imitazione dell'attività materna (cfr. Lc 2,19-20). In altri termini, Cristo, modello e perfezionatore della nostra fede, è vero maestro di una affettività che ci fa toccare con mano l'amore, rendendolo bruciante e rigenerante, per cui «dire tu» è «intendere Te». Il sacramento dell'altare viene avvolto da quella lucentezza materna espressa anche in termini di estrema familiarità: *frui*, *dulcescere*, *ardens desiderium*, *ardentissima caritas*[164]. Cristo ha dato ai figli della sua camera nuziale il godimento del suo corpo e del suo sangue[165].

Nel prossimo futuro dovremmo relegare molte cose in secondo o terzo piano, forse addirittura lasciarcele alle spalle, e fare uno sforzo unico e radicale, personalmente e non solo personalmente, per mostrare in maniera convincente che Dio è Signore nella nostra vita e che Egli vive con tenerezza in e attraverso noi. Questo aspetto materno si dovrebbe manifestare nelle vergini dell'*Ordo*. La loro dolcezza, la capacità di perdonare le offese, la percezione degli altri tutta impregnata di misericordia, non è principalmente frutto di uno sforzo ascetico, ma conseguenza naturale di un mondo interiore abitato dalla certezza di poter riposare nelle mani del Padre, di sapersi da Lui custoditi e preservati dal pericolo, di trovare rifugio «all'ombra delle sue ali» (*Sal* 17,8).

È un'impresa grande, un atto positivo, tanto che l'uomo, da solo, è assolutamente incapace di compierlo. L'uomo non

[163] Cfr. J. HOURCADE, *op. cit.*, pp. 92-101.

[164] Incarnazione ed Eucaristia: nella metafora materna il mistero lontano diventa vicino; l'eternità presenza nel tempo; la contemplazione, vicinanza e compagnia.

[165] Cfr. S. CIRILLO DI GERUSALEMME, *Commento alla Lettera agli Efesini*, 5,29. Cfr. anche CONGREGAZIONE DELLE CAUSE DEI SANTI (a cura di), *Eucaristia: santità e santificazione*, LEV, Città del Vaticano 2000, p. 100.

è in grado di compiere quest'azione, perché non può disporre, a suo arbitrio, della santità; può soltanto presentare un'offerta, non la può rendere sacra. Perché l'offerta diventi sacra occorre un intervento di Dio stesso, che prenda l'offerta, la trasformi e la faccia salire presso di sé per mezzo del suo fuoco divino. Questo è l'amore che vince la morte. È l'Eucaristia della vita. Quelli che amano veramente conoscono questo spezzarsi doloroso nel dono di sé. «Fare» anche noi ciò che fece Gesù. Spezzare il pane. Quel gesto aveva, prima di tutto, un significato materno; non indicava solo condivisione, ma anche immolazione. Quello che Gesù dà da mangiare ai suoi discepoli è il pane della sua dolcezza materna[166].

Allora, per «fare» anch'io ciò che fece Gesù in quella notte, devo anzitutto spezzare me stesso, cioè deporre ogni rigidezza davanti a Dio, ogni ribellione verso di lui o verso i fratelli, devo infrangere il mio orgoglio, piegarmi e dire «sì» fino in fondo a tutto ciò che Dio mi chiede; devo ripetere anch'io quelle parole: Ecco, io vengo, o Dio, per fare la tua volontà! Tu non vuoi tante cose da me, vuoi me e io ti dico «sì», nonostante la sofferenza che, se non è pervasa dalla grazia divina per purificare la natura peccatrice, resta un frutto diabolico. Si tratta di soffrire con e come Cristo in conformità con la volontà del Padre. Offriremo così i nostri corpi come ostia vivente, santa e gradita a Dio.

Gesù ci ha preceduto in questo cammino: Egli si incarnò in vista del Calvario; lo Spirito plasmò in modo speciale la sua umanità per la sua sofferenza, gli diede un corpo di una rara delicatezza e di una estrema sensibilità, perché fosse capace di soffrire sino alla fine. Nel tempo della sofferenza stringiamoci fortemente a Colui che ha tanto sofferto; siamo le membra di Cristo, e continuiamo nella nostra carne la sua passio-

[166] Cfr. S. Biancu (a cura di), *Mangiare la bellezza*, Cittadella, Assisi 2006, pp. 5-16.

ne per la salvezza del mondo. Ogni dolore ben accettato è santificante e matura la nostra somiglianza intima con Gesù, e noi, portando nel corpo la morte di Gesù, manifestiamo in esso anche la sua vita (cfr. 2Cor 4,8-11.17). La «consegna» di Cristo, che ci ha generati come madre sulla Croce, fu oblazione del cuore, che si effettuò nella parte più intima del suo animo per estendersi a tutto il suo essere umano, a tutto il suo agire e patire: «Imparò l'obbedienza dalle cose che patì» (Eb 3,8). Attraverso l'Eucaristia, viene riproposto l'atto di offerta di Gesù per l'umanità intera e per ciascuno.

Chi aspira all'unione filiale, in Cristo Figlio, deve vivere i dispiaceri, le umiliazioni, le contrarietà, i distacchi, le tristezze, sopportandole con Lui per essere conforme a Lui nella morte, anche quando sembra che il Signore sia lontano da noi e ci obblighi a delle lotte terribili. Per quanto sia grande la desolazione dell'anima, essa non si avvicinerà mai all'assoluto abbandono che ha patito Cristo sulla Croce. Nella fede, perciò, bisogna restare uniti e aggrappati a Dio, credendo all'immenso amore con cui ci ama (cfr. Ef 2,4). Quanto più il cuore si sente abbandonato, tanto più è amato e unito a Dio, formando uno stesso sacrificio e una sola ostia. Darete, così, «conforto», partecipando con dolore alla tristezza divina per il peccato e riparando l'ingratitudine del mondo che rigetta il suo amore, immolando voi stesse per imitare ciò che siete. Solo così offriremo a Dio un sacrificio a beneficio nostro, quando facciamo di noi stessi una vittima[167].

Gesù, dopo aver pronunciato quelle parole: «Prendete..., questo è il mio corpo; prendete... questo è il mio sangue», non lasciò passare molto tempo che compì ciò che aveva promesso: dopo poche ore diede la sua vita e il suo sangue sulla croce. Diversamente tutto resta parola vuota, anzi menzogna. Bisogna, dunque, che, dopo aver detto ai fratel-

[167] Cfr. s. GREGORIO MAGNO, *Dialoghi* IV, 59.

li: «Prendete, mangiate», noi ci lasciamo realmente «mangiare» come una madre dai figli.

Noi tocchiamo ogni giorno non soltanto il lembo del mantello, ma qualcosa di più, perché facciamo comunione reale con Lui. Come non essere da Lui intimamente guariti nella nostra affettività e fragilità? Naturalmente, perché ciò avvenga, occorre avere la fede della donna del Vangelo[168], rimanendo nell'unione al corpo eucaristico di Cristo Vergine, Sposo e Madre. Nell'Eucaristia, si crea una stretta relazione tra il corpo di Gesù e il nostro corpo. Ecco il vero volto della santità che la vergine consacrata è chiamata a rendere presente negli atti della vita quotidiana, che noi chiamiamo virtù[169].

Dall'Eucaristia possiamo attingere ogni virtù. Vogliamo la fede, fondamento della vita cristiana? Questo è il mistero della fede e possiamo ripetere: «Signore accresci la nostra fede» (Lc 17,5). Vogliamo l'umiltà, che è l'inizio della perfezione? Accostiamoci al Dio umiliato e crocifisso, vivente in un pugno di farina, e attingeremo l'umiltà. Vogliamo la purezza, carisma della nostra storia di vita? Il corpo di Gesù è il corpo del Vergine, frumento che genera i vergini; è la carne santa che fa perdere il gusto dell'insipienza alla nostra carne[170]. Vogliamo la forza per resistere alle tentazioni? Questo è il pane dei forti. Vogliamo il conforto nel dolore? Nutriti da quel cibo e inebriati da quel calice, non sentiamo alcuna sofferenza. Vogliamo la carità, l'amore a Dio e agli uomini? Il pane eucaristico è il cemento che ci rende un cuore solo e un anima sola (cfr. At 4,32) e unisce all'Amore essenziale. «Dio è carità» (1Gv 4,16) e chi mangia la carità, vive di carità[171].

[168] Cfr. R. Corti, *Eucaristia e carità*, Nota pastorale, Novara 1999.

[169] Cfr. F. Rodè, *La vita consacrata alla scuola dell'Eucaristia,* in Aa. Vv., *Passione per Cristo. Passione per l'umanità*, Paoline, Milano 2005, p. 237.

[170] Cfr. S. Agostino, *Commento al Vangelo secondo Giovanni*, 11,5.

[171] Cfr. O. Marchetti, *Gli Esercizi spirituali di Sant'Ignazio. Parte seconda*, Edizioni «La civiltà cattolica», Roma 1977, pp. 225-226.

4. Conclusioni

Alla mia relazione non possono seguire conclusioni, ma solamente un incoraggiamento augurale, che prendo da un sermone di Guerric d'Igny, pronunciato per la festa della concezione di Maria, dove l'abate paragonò l'accadimento spirituale di Dio e il divenire di Cristo nei nostri cuori con la maternità concreta, nelle sue fasi di concepimento, gravidanza e parto. Rivolgendosi alle anime dei monaci, come se fossero donne incinte, affermava:

> Madri felici di un figlio così glorioso, abbiate cura di voi, finché non sarà chiaro che Cristo è in mezzo a voi (Gal 4,19). Badate che nessun duro colpo ferisca il frutto del vostro ventre! Fate attenzione a non lasciar penetrare nulla nel corpo, nulla nell'anima che possa distruggere lo spirito da voi concepito. Abbiate cura, se non di voi stessi, del Figlio di Dio che ospitate. Vi dico, difendetevi non solo dalle cattive azioni e dalle cattive parole, ma anche dai pensieri indegni e dai piaceri forieri di morte, che soffocano il seme di Dio. Vigila sui tuoi pensieri: la tua vita dipenda da come pensi (Prv 4,23), fino a quando il frutto non sarà maturo, e la vita di Cristo, oggi celata nei vostri cuori, non scuota il vostro corpo mortale. Avete concepito lo spirito della salvezza, ma ora partorite, esso non è ancora venuto alla luce. La fatica del parto è grande, ma più grande la consolazione della speranza (Gv 16,21). Una donna che deve partorire, quando viene il suo momento, soffre molto. Ma quando il bambino è nato, dimentica le sue sofferenze per la gioia che è venuta al mondo una creatura. È nato infatti Cristo, in questo mondo del nostro corpo, che noi chiamiamo il piccolo mondo. Ora noi concepiamo Dio nella nostra anima, e proprio nello spirito del Suo amore, Egli nascerà nel nostro corpo come uomo. Sarà uguale al nostro corpo nella trasfigurazione, nella luce in cui vive e in cui viene adorato, Dio nei secoli dei secoli[172].

[172] K. Schreiner, *Vergine, Madre, Regina. I volti di Maria nell'universo cristiano*, Donzelli, Roma 1995, pp. 30-31.

APPENDICE

La Vergine consacrata: dono per la chiesa locale[173]

Carissimi,

la Vergine Maria proclama fulgidamente che al Signore piacque innalzare accanto a Cristo, l'Uomo-Dio, una semplice donna.

Dalla meta ultima e trascendente, a cui è approdata la Madonna, giunge una luce che, illuminando il senso della vita e della storia, ci aiuta anche a capire come l'uomo e la donna abbiano una peculiarità che li abilita a svolgere in modalità originali, diverse e complementari, la loro vocazione e missione all'interno della Chiesa e della società.

Occorre, in verità, guardarsi da quella nascosta forma di svalutazione della condizione femminile, che tenta di misconoscere i tratti diversificanti iscritti dalla natura in ambedue gli esseri umani. Appartiene all'ordine della creazione che la donna realizzi se stessa in integrazione armoniosa con l'uomo, basata sul riconoscimento rispettoso dei ruoli propri a ciascuno.

[173] Card. M. GIORDANO, *La Vergine consacrata dono per la Chiesa locale*, lettera pastorale, 8 settembre 2002.

1. Il dono della verginità

Quando la sessualità umana si esprime in stati di vita, incontriamo la duplice e complementare condizione del matrimonio e della verginità.

Nel matrimonio, la sessualità entra in tutta la sua ampiezza e densità umane e stimola a infrangere il cerchio dell'egoismo e a protendersi nel dono di sé, totale e perenne, in una comunione di amore e di vite.

Questa comunione non solo riscatta la sessualità dal peccato, ma, elevata dalla grazia del sacramento, diviene segno e luogo vivente ed efficace dell'amore sponsale di Dio per l'umanità rinnovata. A tali altezze è chiamata la componente sessuale dei coniugi dal loro «sposarsi nel Signore» (cfr. Ef 5,32).

Ed è proprio nella vita coniugale e familiare, cioè nell'amore reciproco e nell'educazione dei figli, che l'uguaglianza personale e le diversificazioni funzionali dell'uomo e della donna devono trovare le loro espressioni caratteristiche.

Per quanto vasto e intimo sia l'influsso della sessualità nella sua dimensione corporea, alla fantasia creatrice dello Spirito Santo non è mancato lo spazio per fare un dono privilegiato a cuori da lui prescelti: il dono della verginità. Esso, senza sopprimere, anzi potenziando le energie della sessualità personale, le sublima portando gli uomini e le donne a vivere la carità di Cristo nel servizio dei fratelli, specie dei sofferenti e dei derelitti, in una forma particolarmente alta e intensa.

Questa è la vocazione alla verginità per il Regno. Nessuno la pensi come una via assiderata e sterile, bensì come un percorso d'immolazione vigorosa e gioiosa, profondamente umanizzante e incomparabilmente feconda. È una benedizione grande. La verginità, con il suo significato e il suo esempio, esalta e sostiene la vita coniugale, non rende meno uomini e meno donne quanti la vivono, ma attua la sessualità maschile o femminile in un modo peculiare mediante un tale rapporto con Cristo, che anticipa l'incontro e la comunione definitiva del Regno. Al significato spirituale ed escatologico della condizione sia verginale, sia coniugale si riferisce in maniera suggestiva e profonda l'antichissima preghiera romana di consacrazione attribuita a San Leone Magno:

> Tu... hai riservato ad alcuni tuoi fedeli un dono particolare scaturito dalla fonte della tua misericordia. Alla luce dell'eterna sapienza hai fatto loro comprendere che, mentre rimaneva intatto il valore e l'onore delle nozze, santificate all'inizio dalla tua benedizione, secondo il tuo provvidenziale disegno, dovevano sorgere donne vergini che, pur rinunziando al matrimonio, aspirassero a possederne nell'intimo la realtà del mistero. Così tu le chiami a realizzare, al di là dell'unione coniugale, il vincolo sponsale con Cristo di cui le nozze sono immagine e segno (n. 38 del Rito).

In questo contesto si intuisce come anche la donna, che si consacra nella verginità a Dio, attua pienamente se stessa come donna, in un'autentica sponsalità con il Signore e in una non meno vera maternità spirituale. Di qui la *consecratio virginum* che, ripristinata dopo il Concilio Vaticano II, si affianca, con una fisionomia tutta propria, alle altre forme di vita consacrata.

a. Vergine di Cristo

Per la vergine consacrata, Cristo è tutto: sposo, fratello, amico, parte dell'eredità, premio, Dio e Signore (cfr. *Introduzione* alla Regola di San Leandro di Siviglia). Ora è proprio dall'amore sponsale verso Cristo che la consacrata derivi l'esigenza di rassomigliare al suo Signore. Il mistero dell'Incarnazione, infatti, non è forse da leggersi in chiave sponsale, dato che Cristo ha dato se stesso per noi? Lo stesso evento della Risurrezione non è diventato l'incontro di nozze tra il Risorto e la comunità cristiana? L'intera vita di Cristo, infatti, è nel segno del mistero delle nozze di Cristo con la Chiesa. A questo mistero, per una nuova unzione spirituale, appartiene la vergine consacrata, la quale vive e manifesta l'amore sponsale della Chiesa per Cristo. Ella partecipa, così, al «mistero nuziale» in virtù di un dono e di una chiamata personale, alla quale risponde attivamente, donandosi a Cristo in modo pieno e definitivo. Su questa linea,

> la vergine consacrata è la sposa che assume il suo Sposo quale maestro di vita ... L'amore sponsale è, per sua natura, totale ed esclusivo, perché dono di sé, senza riserve e con cuore indiviso, all'Amato; perpetuo, perché non vuole venir meno, anzi proiettandosi verso il futuro vuole ricoprire l'intero arco della vita e sussistere anche dopo la morte; unificante, perché fa sì che chi ama divenga una sola cosa con l'amato, abbia i suoi stessi sentimenti, ne assuma lo stile di vita, ne condivida gli impegni e le preoccupazioni» (I. CALABUIG).

In tale prospettiva sponsale si radica la dimensione del discepolato. La consacrata si caratterizza come la discepola che si pone con amore ai piedi del Maestro (cfr. Lc 10,39). Infatti, se con il battesimo la vergine è inserita nel mistero della «Chiesa Sposa di Cristo», con la consacrazione viene immessa più profondamente in quel mistero e ne diventa segno più visibile. Nella liturgia, il Vescovo prega dicendo:

> Lo Spirito Consolatore, che nelle acque rigeneratrici del Battesimo fece di voi il tempio dell'Altissimo, oggi mediante il nostro ministero vi consacra con una nuova unzione spirituale e a nuovo titolo vi dedica alla santità del Padre; mentre elevandovi alla dignità di spose di Cristo, vi unisce con indissolubile vincolo al suo Figlio.

Il discepolato sarà tanto più intenso quanto più profonda la consapevolezza di essere in ascolto delle parole di grazia che escono dalla bocca del Maestro per ricambiare il suo amore infinito, nella concretezza della vita: «Se mi amate, osserverete i miei comandamenti» (Gv 14,15). Amarlo, nella condizione sponsale, significa assumere i suoi stessi sentimenti (cfr. Fil 2,5), condividendo il suo stile di umiltà, mansuetudine e dolcezza, di infaticabile zelo per la gloria del Padre e la gioia del mondo.

La vergine consacrata, allora, è chiamata a manifestare l'originalità e la ricchezza della figliolanza divina in tutta la sua specificità terrena, intensificando la sacralità di una vita dedicata esclusivamente all'amore di Cristo e al servizio del Regno. Il suo stato è un dono e non un privilegio, un progetto rivolto all'essere della persona che cerca di manifestare in pienezza la sua appartenenza a Cristo, facendola trasparire nella stessa sponsalità. E così, il divino e l'umano si fondano nella consacrata, come in Cristo Sposo, il quale ha congiunto a sé l'umanità, diventando modello di sponsalità. La consacrata, specchiandosi nello Sposo, racconta visibilmente la nuzialità della Chiesa, originata con il battesimo.

b. Vergine della Chiesa

La dimensione fondamentale che connota la consacrazione nell'*Ordo Virginum* è il diretto riferimento alla Chiesa. L'*Ordo*, infatti, ha come sorgente ed immagine unicamente la Chiesa con il Vangelo, il magistero e la sua stupenda spiritualità:

> Se per la devozione ad un santo nasce una famiglia religiosa, che cosa non può nascere dalla devozione alla stessa madre dei santi che è la Chiesa? … Che cosa non ne deriverà? Se faccio della Chiesa maestra e madre la mia sorgente, la mia regola, la

mia vita, il mio spirito, la mia gioia, il mio entusiasmo, che cosa non sarà possibile? La struttura della Chiesa diventa la forma spirituale dell'anima (G.B. MONTINI).

Nel carisma della verginità consacrata c'è la Chiesa come madre, accolta in tutto ciò che è in se stessa, ossigenandosi alla sua spiritualità e nutrendosi al cammino della sua storia di vita. Di qui la verginità consacrata come una meraviglia ricevuta con la Chiesa e per la Chiesa, nella quale la propria volontà viene trasformata in quella di Dio.

Ma la Chiesa si fa concreta nella Diocesi dove la vergine trova la sua «famiglia» e si inserisce esistenzialmente, con modalità concordate con il Vescovo, considerato non tanto come il superiore da cui dipendere, ma come un padre con cui condividere l'amore verso Cristo e i fratelli. Opportunamente, Giovanni Paolo II, in occasione del XXV anniversario della promulgazione del Rito, affermava: «Amate la Chiesa: è la vostra madre. Da essa, mediante il solenne rito presieduto dal Vescovo diocesano, avete ricevuto il dono della consacrazione; al suo servizio siete state dedicate. Alla Chiesa dovete sentirvi sempre legate con stretto vincolo». E nello stesso Pontificale Romano alla consegna dell'anello, si legge: «Sempre fedeli al Cristo vostro Sposo, non dimenticate mai che vi siete donate totalmente a lui e al suo corpo che è la Chiesa».

Un «sentire» ecclesiale, infatti, aiuta e sostiene la vocazione nell'*Ordo Virginum*, in quanto la Chiesa ogni giorno si genera e ciascuno la rende bella e preziosa con il dono della sua vita, fino a vederla splendente, senza ruga, né macchia, né altro di simile, ma santa e immacolata. Il riferimento stabile e diretto alla Diocesi e al suo Vescovo diventa, così, un sostegno di massima importanza per la consacrazione. A riguardo sono significative le parole di Sant'Ambrogio quando scrive ad Eusebio di Bologna circa una giovane che aveva personalmente consacrata:

Mi raccomandi Ambrosia, vergine consacrata al Signore, tuo ed anche mio tesoro; e con pio affetto dici che di lei ti dai più pensiero che degli altri figli. Certamente così deve comportarsi una mente fedele. Gli altri infatti li educhi per lasciarli andare fuori casa e per unirli in matrimonio a persone estranee; questa l'avrai sempre con te. Anche per gli altri senti il vincolo dell'affetto paterno, ma per costei sei più che un padre e vai oltre nelle aspirazioni e nello zelo, perché piaccia a Dio. È vero che soprattutto per lei sono i tuoi voti, ma da sola ripagherà ciò che tu devi a lei e a tutti gli altri figli.

Respirare e pulsare con la vita della Chiesa locale, con la mente e il cuore, i programmi e le speranze, le sue preoccupazioni di evangelizzazione, di presenza e di servizio alle realtà del territorio, risulta elemento qualificante di garanzia per l'autentica partecipazione dell'*Ordo* alla missione ecclesiale.

Certo, il rapporto con la Chiesa si fa, così, «carnale» e non solo spirituale, perché non si può amare Cristo, il capo, senza amare la Chiesa, suo corpo e anche perché la Chiesa locale trasferisce se stessa nella vergine. «Così la vita della consacrata può diventare come una visibilità che commuove, che tocca profondamente le persone, non solo a livello sentimentale, ma anche sul piano dell'azione dello Spirito, al quale noi corrispondiamo» (T. Verdon). L'ecclesialità, perciò, va vissuta come sponsalità nella Chiesa particolare, trovando le forme per conoscerla ed amarla nel suo vero essere, in un percorso continuo che si sviluppa in perenne e rinnovata fecondità. La carne della Chiesa è contemporanea a quella di Cristo e si manifesta in tutte le espressioni di verità e debolezza; localizzata storicamente, visibilizza il criterio della tensione tra il già e il non ancora, tra obbedienza e libertà, tra responsabilità personale e attese comunitarie. Questa tensione diventa per la consacrata apertura allo Spirito, esperienza viva del mistero che fa amare Cristo fino al dono della vita, attraverso una sponsalità senza limite.

2. «Ordo Virginum»: linee formative

La natura della chiamata alla verginità consacrata nel mondo e l'importanza che ha il cammino formativo per realizzarla nelle normali condizioni di vita richiedono un itinerario centrato sulla persona, che dinamicamente si lascia plasmare dallo Spirito.

a. Discernimento

È necessario prevedere cammini secondo un principio di gradualità e di adattamento di obiettivi, contenuti, mezzi, tempi che incontrino l'esistenza con metodi che inducano a crescere nella libertà, a saper pensare e agire con senso di iniziativa e responsabilità, sviluppando creatività e gratuità. Infatti, spesso esiste una divergenza tra le aspirazioni di chi sente la chiamata e l'effettiva capacità di entrare nell'itinerario formativo. Le giovani hanno grandi slanci, ma anche carenze sia sul piano della maturità personale, sia su quello della vita cristiana. Sono aperte a tanti valori evangelici, ma anche coinvolte in un relativismo che non aiuta ad acquisire punti di riferimento stabili. Perciò, particolare attenzione va data al discernimento iniziale e a quello in vista della consacrazione, perché tengano conto della maturità umana, spirituale, ecclesiale, della capacità di servizio, di una sufficiente preparazione culturale e teologica, della presenza di un accompagnatore/trice spirituale, della disponibilità a condividere il cammino di preparazione o di formazione permanente con l'*Ordo* della diocesi.

La stessa comunità cristiana diventa l'ambito nel quale la persona, attraverso l'interazione con i fratelli e le sorelle, verifica nel quotidiano l'evolversi della situazione propria e della Chiesa in cui è inserita e la sua risposta libera e creativa. Ne consegue che ogni tappa di accompagnamento formativo necessita anche del discernimento da parte del Vescovo, che verifica la crescita nell'amore per Cristo e la passione per la Chiesa.

b. Tempi

L'itinerario formativo della vergine tende a coniugare costantemente e dinamicamente la realtà della persona e i suoi ideali di vita. Nella formazione possiamo distinguere un momento iniziale di ricerca vocazionale (accostamento), uno specifico di accompagnamento alla verginità consacrata (formazione specifica), e una fase successiva alla consacrazione (formazione permanente).

Il tempo di accostamento è indirizzato innanzitutto a favorire la comprensione e la verifica del proprio cammino umano, battesimale e vocazionale. Si cercherà di individuare e riconoscere i germi e la consapevolezza della chiamata alla verginità e, successivamente, si offrirà una prima conoscenza della vita di consacrazione secondo l'*Ordo*.

Nel periodo della formazione specifica in vista della consacrazione, la persona sarà guidata nell'impostare la vita in base alla scelta fatta, nella condivisione piena e nella partecipazione responsabile alla vita diocesana, in dialogo costante con il Vescovo e in ascolto della comunità ecclesiale.

La fase permanente, infine, coincide con l'impegno della consacrata a ravvivare il dono ricevuto, curando fedelmente l'amore di Dio nel vissuto quotidiano. Tenendo conto, poi, che una tale forma di vita esalta il carisma di ciascuna donna in quanto «persona», il carisma non può essere identificato con una singola consacrata, né ridotto a una sola modalità di realizzazione. La durata dei diversi momenti all'interno del cammino individuale, allora, non può essere fissata rigidamente o a priori, perché è fondamentale seguire l'evoluzione di ogni persona, evitando di dare per scontati o acquisiti aspetti che possono soggettivamente richiedere tempi più lunghi. Le donne che scelgono questa vocazione la vivono in modi diversi non per contrapporsi e differenziarsi, ma per desiderio di essere fedeli a se stesse sperimentando l'originalità personale nell'offerta a Dio e ai fratelli.

Nel percorso personale si condurrà una vita «regolata» e seriamente impegnata in un itinerario organico e completo di forte spiritualità. Mancando una regola istituzionale e comune, la consacrata diventa seriamente responsabile nell'elaborazione di una propria regola di vita spirituale e nell'intelligente fedeltà a essa. Di qui l'importanza insostituibile del direttore e della direzione spirituale, per uscire dalla tiepidezza e dalla mediocrità e porsi alla sequela del Signore per amarlo e imitarlo sempre più perfettamente.

Certo, la formazione terrà presente anche momenti di percorso in gruppo, differente da quello che è il modello di «comunità» tipico degli Istituti religiosi. Il che non esclude un impegno reale di fraternità ecclesiale e di condivisione comunitaria e l'esigenza di progetti comuni e sostegno reciproco.

Nell'impostare la propria vita, la vergine consacrata è animata dal desiderio di rispondere alla chiamata ricevuta con pienezza e verità, accogliendo la propria situazione lavorativa, familiare, ecclesiale come dono di Dio, luogo di santificazione e incontro con i fratelli. Questo la porta a discernere la modalità di vita a lei possibile e favorevole: vivere da sola, in famiglia, o in piccole comunità. Tali modalità di vita possono cambiare nel corso del tempo secondo il variare delle circostanze e delle esigenze.

c. Contenuti

Attraverso la formazione, rispondente alle fasi di crescita, la persona e quanti con lei condividono il cammino presteranno attenzione:

• alla maturazione umana e alla crescita cristiana, attraverso relazioni, esperienze, contenuti che favoriscano sia la consapevolezza delle caratteristiche individuali, sia la cura della vita spirituale radicata in Cristo;

• al consolidamento dell'equilibrio affettivo che renda la vergine consacrata sempre più capace di relazioni armoniose, cogliendo l'alterità come arricchimento reciproco;

• allo sviluppo di una intensa vita spirituale attraverso la meditazione della Parola di Dio, la contemplazione, l'Eucaristia, il sacramento della penitenza, la Liturgia delle Ore e momenti di ritiro ed esercizio spirituale;

• all'approfondimento, mediante un tempo di studio di carattere teologico, di un'adeguata formazione culturale e pastorale.

3. «Ordo Virginum»: indicazioni operative

a. Presbiterio diocesano e pastorale vocazionale

Tutto quanto detto evidenzia quanto ampia debba essere la partecipazione alla pastorale vocazionale, dimensione ineludibile della pastorale ordinaria, che vede coinvolte le famiglie, le comunità parrocchiali e le varie forme di aggregazione ecclesiale. Ma soprattutto il Presbiterio diocesano è coinvolto nella pastorale vocazionale, sia in quanto promozione della più ampia ministerialità del popolo di Dio, sia in quanto promozione delle vocazioni di speciale consacrazione, sia per la cura diretta delle vocazioni diaconali e presbiterali.

Anche l'avvio dell'*Ordo* potrà rafforzare i rapporti tra il Presbiterio e le strutture di pastorale vocazionale.

b. L'accoglienza nella Chiesa particolare

L'espressione *Ordo Virginum*, secondo il suo più antico significato, indica una categoria di donne riconoscibili nel corpo ecclesiale per il fatto di avere in comune il dono della consacrazione verginale.

In virtù della *consecratio,* ricevuta nella Chiesa particolare, le vergini si configurano in un *Ordo* ecclesiale, che trova concretizzazione nelle singole espressioni diocesane. Perciò, la celebrazione della *Consecratio virginum* rende presente la realtà dell'*Ordo* nella diocesi.

c. Il rapporto con il Vescovo

La sollecitudine pastorale nei confronti delle vergini consacrate e di coloro che aspirano a ricevere la *consecratio* è parte del ministero ordinario del Vescovo diocesano (cfr. can. 385), il quale presenta la vergine alla Comunità come segno della Chiesa Sposa di Cristo.

Il rapporto con il Vescovo è un elemento insostituibile e qualificante di questa forma di vita consacrata in tutte le fasi del cammino. È importante che la vergine e il Vescovo curino di mantenere nel tempo uno spazio di accompagnamento e di confronto, nel quale la vergine consacrata faccia progressivamente suo quello stile di vita che sia manifestazione luminosa del dono ricevuto.

d. Il delegato del Vescovo

Nel dialogo con le vergini e le persone in formazione, il delegato rappresenta il Vescovo e si fa garante del costante contatto con lui, sostenendo l'ecclesialità e la diocesanità dell'*Ordo* e del cammino di ogni consacrata.

Svolge il suo servizio elaborando con le consacrate e le

candidate il percorso formativo e la sua verifica, favorendo il senso di corresponsabilità e valorizzando i doni particolari e la comunione di tutte.

Si preoccupa, inoltre, di conoscere personalmente le consacrande e le consacrate, ne segue il cammino senza sostituirsi all'accompagnatore/trice spirituale liberamente scelto/a da ciascuna senza istituire una relazione di direzione o accompagnamento spirituale.

Aiuta il Vescovo ad assumere le necessarie informazioni in vista del discernimento per l'ammissione alla consacrazione.

e. L'ammissione alla consacrazione

L'ammissione alla consacrazione presuppone la verifica delle condizioni richieste dalle Premesse al Rito: che la donna non sia mai stata sposata, che non abbia mai vissuto pubblicamente in uno stato contrario alla castità, che secondo un giudizio prudenziale si possa ritenerla capace di perseverare per l'intera esistenza nel proposito di verginità.

Per la verifica di questi presupposti, il Vescovo chiederà e terrà conto del parere di persone che ne hanno seguito e condiviso la formazione umana, spirituale, teologica e l'esperienza ecclesiale.

f. Celebrare con la comunità diocesana

In sintonia con il Vescovo e i suoi collaboratori, la candidata aiuterà la comunità diocesana e, specialmente, la parrocchia di provenienza, a partecipare attivamente alla celebrazione e a comprendere il significato di tale vocazione.

Per rendere più esplicito il simbolismo sponsale della chiamata è opportuno che la celebrazione si svolga con particolare solennità di tempo e di luogo, secondo le indicazioni del Rito.

4. Contemplando la Vergine Santa

Levando lo sguardo e il cuore a Maria, ci pare di vedere in Lei, in modo riuscito e sublime, ciò che la vergine consacrata assume nella sua persona sia incarnando il Vangelo, sia indicando la trascendenza quale anima della storia umana, mediante l'affermazione del primato della grazia.

Maria ha sempre considerato e stimato l'essere donna come suo carisma, vocazione, suo ministero e l'ha portato a perfezione in ogni aspetto: di figlia, di sposa, di madre. In ciascuno di essi, per dono singolare, Le fu dato di inserire lo slancio potente e l'offerta soave della verginità, e così divenne Vergine figlia, Vergine sposa, Vergine madre, vertice e prototipo di ogni verginità.

Che il Signore si degni di moltiplicare nella nostra Chiesa «anime fedeli» che, sull'esempio di Maria, senza sosta, notte e giorno, facciano della loro vita una perenne lode di Dio.

Tutti abbraccio e benedico di cuore.

Festa liturgica della Natività della B.V. Maria

Indice

Stampa: 2009
Società San Paolo, Alba (Cuneo)
Printed in Italy